Il n'y a plus d'Indiens

Maquette de la couverture: Jacques Léveillé

«Tous droits de traduction et d'adaptation, en totalité ou en partie, réservés pour tous les pays. La reproduction d'un extrait quelconque de ce livre, par quelque procédé que ce soit, tant électronique que mécanique, en particulier par photocopie et par microfilm, est interdite sans l'autorisation écrite de l'auteur et de l'éditeur.»

ISBN 2-7609-0118-1

© Copyright Ottawa 1983 par Les Éditions Leméac Inc.
Dépôt légal — Bibliothèque nationale du Québec
4e trimestre 1983

Imprimé au Canada

Bernard Assiniwi

Il n'y a plus d'Indiens

LEMÉAC

Bernard ASSINIWI est né le 31 juillet 1935. Après avoir obtenu, en 1957, un B.A. en agriculture à l'université de Guelph (Ontario College of Agriculture), il s'est orienté vers l'administration publique à l'Université du Québec à Hull, en 1978.

Il s'est tôt intéressé au domaine de la radio et plus tard à celui de la télévision. Dès 1959, il animait des émissions sur les ondes de CJBR à Rimouski, outre une participation active en tant que comédien dans des feuilletons et pièces radiophoniques. De janvier 1978 à mai 1981, il est commentateur, narrateur, recherchiste, réalisateur, scripteur pour CBOF Ottawa. Il a écrit plusieurs scripts pour la radio, telles les émissions: *Variation* (CJBR Rimouski, 1961), *À l'Indienne* (CBF/AM Montréal, 1971 et 1981); avec la collaboration d'Isabelle Myre il a signé les *Légendes indiennes* (Radio-Canada international, 1972). *La rivière des Outaouais, source de vie* (CBF/FM et CBOF/FM, Radio-Canada, 1981), *Gens de mon pays* (CBF et CBF/FM, 1980 et 1981), *L'Actuelle* (CFB/FM et CBOF/FM, Radio-Canada) sont d'autres de ses œuvres.

Bernard ASSINIWI a présenté pour la télévision deux séries historiques et culturelles, à plusieurs volets: *Les Indiens sans statut* (Radio-Québec, 1982) et *L'Outaouais, un grand courant d'histoire* (Radio-Québec, 1982 et 1983).

Bernard ASSINIWI, le journaliste, a écrit plusieurs articles pour *Le Devoir, La Presse, Le Soleil, La Gazette de Maniwaki, La Gatineau* (Maniwaki), ainsi que pour de nombreuses revues: *McLean, Time Magazine, Le Monde, L'Express, Le Gastronome, Québec Chasse et pêche, Québec Nature, Québec Science, Indian News, Le Joyeux Mic Mac*.

Ses titres : Commandeur de l'Ordre international des chevaliers de Saint-Hubert; conseiller au Conseil supérieur de la faune du Québec (1977 à 1979); membre fondateur, avec Jim Buller, de l'Association for the development of Natives in the visual and performing arts (Toronto); membre de l'Union des écrivains québécois; membre de l'Union des artistes; membre de la Société des auteurs, recherchistes, documentalistes et compositeurs (S.A.R.D.E.C.); membre de la Canadian Historical Society; membre de l'Association des écrivains de langue française.

IL N'Y A PLUS D'INDIENS

PERSONNAGES

FRED PEZINDAWATCH, 63 ans

> Chef de la réserve depuis vingt-deux ans. Traditionaliste, pacifiste, dévoué et ne reconnaissant que la façon traditionnelle de vivre.

VÉRA PEZINDAWATCH, 60 ans

> Épouse de Fred, douce, coopérative, aimante sans pouvoir le dire. Mère de deux enfants et plus mère qu'épouse. Très réservée.

TOMMY PEZINDAWATCH, 25 ans

> Le fils de Fred et de Véra. Mécanicien en chômage. Marié, deux enfants, opposé aux idées du père mais incapable de le lui dire.

VIOLETTE

> La fille de Fred et de Véra. Très bonne éducation. Mariée à un Iroquois de Tonawanda; elle travaille à Syracuse, N.Y.

PAUL WAGUSH, 25 ans

> Jeune conseiller de la bande. Secrétaire-trésorier et gérant de l'administration. Progressiste et partisan des méthodes modernes de gestion.

NORMAND KISTABISH, 50 ans

> Conseiller indécis, traditionaliste et désirant plaire à tous.

ZÉNON PETAWABANO, 58 ans

> Ex-trappeur, traditionaliste.

SONNY CRIS, 59 ans

> Trappeur et guide en saison de chasse et de pêche. Philosophe.

MARIE-ROSE CANOT, 45 ans

> Ex-institutrice. Volontairement revenue sur la réserve et devenue trappeuse pour renouer avec la tradition.

BASILE COKOO, 40 ans

> Personne timide; effacé.

PAULINE MARENGÈRE

> Reporter de télévision.

PREMIÈRE VOIX et DEUXIÈME VOIX

> Impersonnelles.

TROISIÈME VOIX

> Policier de la Gendarmerie royale du Canada.

PREMIÈRE PARTIE

SCÈNE 1

Un soir de la semaine en décembre. Il neige à l'extérieur. Salle du conseil de la bande, quelque part dans le nord de la province de Québec. Le chef et trois conseillers attendent le dernier des arrivants.

PAUL WAGUSH
Aie, je suis tanné d'attendre moi, il y a une bonne partie de hockey à la T.V. et je la manque à attendre Sonny.

FRED PEZINDAWATCH
T'as vécu trop longtemps en ville Paul. Tu es impatient comme un Américain en vacances.

PAUL WAGUSH
Cela fait une heure qu'on est censé avoir commencé le meeting! On a quorum, on est quatre. Pourquoi pas commencer tout de suite? Sonny nous rejoindra où on sera rendu dans l'ordre du jour!

FRED PEZINDAWATCH
On a jamais tenu compte des règles d'assemblées des codes français ou anglais ici, Paul. On a

toujours tenu nos meetings à la façon traditionnelle et la tradition veut qu'on attende tous les sous-chefs avant de commencer. À moins qu'ils ne nous préviennent qu'ils ne seraient pas là.

PAUL WAGUSH

C'est ça, restez comme ça, n'essayez pas d'évoluer avec le reste du monde. Aie, j'ai été nommé au conseil comme vous autres! Et j'ai promis aux gens de représenter leurs intérêts. Ben, l'intérêt des gens c'est de cesser de perdre du temps comme on le fait là! Qu'est-ce que tu en penses Petawabano?

ZÉNON PETAWABANO

Ç'a fait quatre cent quarante-huit ans qu'on attend en essayant de conserver ce qui nous reste.

PAUL WAGUSH

Cela veut dire que tu décides d'attendre? C'est-i'-ça que ça veut dire?

ZÉNON PETAWABANO

T'as bien compris!

PAUL WAGUSH

Et toi Normand? Un Kistabish c'est-tu un progressiste ou un «traditionnel»?

NORMAND KISTABISH

Si Fred dit qu'il faut attendre, j'pense qu'i' faut attendre mais j'pense aussi comme toi: il faudrait peut-être se moderniser un peu.

PAUL WAGUSH

Bon, y en a un qui pense comme moi. On est deux contre deux et le président a un vote prépondérant. Il va donc voter deux fois, à moins que le président n'ait droit de voter qu'en cas d'égalité?

FRED PEZINDAWATCH

Paul, sur la réserve il n'y a pas de président. Il y a un chef et des sous-chefs. Chaque homme a le droit de parler, d'exprimer son opinion et tous doivent l'écouter. Personne ne vote et il n'y a pas de majorité. On s'entend sur la marche à suivre et on doit tous être d'accord avant d'annoncer une décision!

PAUL WAGUSH

Oui, mais on a tous été élus par la bande pour administrer les biens communs.

FRED PEZINDAWATCH

Non Paul, on a été nommés par l'assemblée présente. C'est-à-dire par ceux qui s'intéressent à leurs affaires. J'ai dit nommé, — mais tu étais présent! — on nous a choisis sans que nous posions notre candidature.

PAUL WAGUSH

C'est pareil comme si on avait été élus!

FRED PEZINDAWATCH

Non Paul, si un seul membre présent avait été contre toi tu n'aurais pas été nommé au conseil. Chacun avait droit de parler. Personne ne l'a fait: tu as été choisi.

PAUL WAGUSH

Oui, mais tu le sais bien que les gens ont peur de parler! Il va falloir que l'on en vienne à adopter le vote universel un jour.

FRED PEZINDAWATCH

Ce jour-là sera le début de la guerre entre frères, cousins, amis! J'espère qu'il ne viendra jamais.

Nous sommes restés unis depuis quatre cent quarante-huit ans parce que nous sommes tous d'accord. La langue parlée dans la réserve pendant les séances du conseil a toujours été la nôtre et c'est pourquoi nous l'avons conservée.

PAUL WAGUSH

Ça aussi c'est démodé. Les jeunes ne la parlent plus la langue. Ils parlent anglais et français. Nos minutes doivent être traduites en anglais pour le gouvernement et cela coûte cher.

FRED PEZINDAWATCH

Mais cela te procure du travail puisque c'est toi qui fait la traduction!

PAUL WAGUSH

J'aurais simplement moins de travail si on tenait les assemblées en anglais.

FRED PEZINDAWATCH

Mais moi je ne serais pas le chef d'une réserve anglaise. Je suis un Algonquin parce que je parle et pense en algonquin.

ZÉNON PETAWABANO

Tant qu'à ça Fred a raison. On est pas des Anglais, on est des Algonquins.

NORMAND KISTABISH

J'suis d'accord avec Fred là-dessus. On est pas payés pour être sous-chefs et tant qu'à pas l'être on est aussi bien de pas l'être en algonquin plutôt qu'en anglais. *(Rires.)*

PAUL WAGUSH

Avec tout ça il est neuf heures et on a rien de fait ...

SCÈNE 2

Une cabane de trappeur. Tom entre dans le shack de Sonny qui attendait en fumant sa pipe.

TOM PEZINDAWATCH
Ça y est Sonny, c'est fini! Une chance que t'avais d'la broche pour attacher la pédale à gaz; une maudite bonne invention la broche.

SONNY CRIS
Oui, une ben bonne invention des Blancs. Ils sont pas tous bêtes, ces gens-là!

TOM PEZINDAWATCH
Ouais, ben! J'espère que mon père sera pas fâché parce qu'on est en retard... C'pas d'ma faute si les «pines» de fer lâchent! La mécanique c'est comme cela! Pis le camion est pas jeune... On y va tu?

SONNY CRIS, *ramassant ses pièges et fourrures, etc.*
Fred sera pas fâché. Il est pas fou. Il sait ben qu'on fait pas exprès, pis le temps au fond c'est tout ce qui nous reste! Le temps.

TOM PEZINDAWATCH

T'as ben raison Sonny! Avec le chômage y a pas grand monde qui a d'autre chose à faire que de passer le temps.

SONNY CRIS, *s'arrêtant net*

Dans ma jeunesse presque tout le monde trappait pour vivre, aujourd'hui on est plus rien qu'une dizaine à savoir trapper. Les autres sont sur le chômage ou le bien-être social.

TOM PEZINDAWATCH

Oui, mais dans ta jeunesse Sonny il y avait juste une couple de cents personnes sur la réserve et il y avait encore beaucoup de gibier!

SONNY CRIS

C'est vrai c'que tu dis mon jeune, mais dans ce temps-là y avait pas des centaines de trappeurs du dimanche qui oubliaient les trappes et y laissaient pourrir les animaux à fourrure. J'ai trouvé un vison à moitié dévoré par un hibou, dans un piège qui avait pas été visité depuis au moins deux semaines. Un trappeur pour le «fun» qui a gaspillé vingt-cinq dollars de fourrure que j'aurais pu vendre!

- TOM PEZINDAWATCH

Je sais ben que t'as raison Sonny. Mais qu'est-ce-que tu veux? Les temps changent. Le monde sera plus jamais pareil! Il va falloir que vous compreniez ça vous autres aussi. Les jeunes feront plus jamais comme vous autres. Ils veulent travailler en ville, faire de l'argent. Prends-moi par exemple, si j'étais en ville je pourrais travailler comme mécanicien dans un garage, mais au village il y a quatre-vingts mécaniciens pour six mille habitants et cinq garages. C'est à croire qu'y a rien que des mécaniciens dans ce village de Blancs. Et les gens de la réserve ont plus confiance aux Blancs qu'aux Indiens pour réparer leur bazou.

SONNY CRIS

Comme les Blancs ont plus confiance en un Indien comme guide de chasse et de pêche, chacun sa culture. C'est ça qui est triste Tommy, c'est les préjugés.

TOM PEZINDAWATCH

Tu parles comme mon père Sonny! Il dit la même chose, il parle souvent des préjugés.

SONNY CRIS

C'est un homme sage ton père. Tu devrais l'écouter plus souvent. Il parle juste et vrai.

TOM PEZINDAWATCH

Ah! J'ai jamais dit qu'il était fou! Seulement il parle toujours de tradition, de culture différente et du préjugé des Blancs envers les Indiens.

SONNY CRIS

Il les a vécus, les préjugés. Savais-tu qu'un jour un Américain a refusé de marcher devant lui parce qu'il avait entendu dire qu'il ne fallait jamais tourner le dos à un Indien?

TOM PEZINDAWATCH

Oui, il en parle souvent.

SONNY CRIS

Pis qu'un jour il a voulu entrer à l'hôtel Central pour offrir un verre à l'agent des Affaires indiennes et qu'on l'a refusé à cause de la loi des Indiens faite par des Blancs et qui dit que les débits de boissons ont pas le droit de servir de l'alcool aux Indiens?

TOM PEZINDAWATCH
Oui, mais c'était en 1944, pendant la guerre. Aujourd'hui personne l'applique c'te loi-là.

SONNY CRIS
Mais elle existe encore. Ben pire que ça, ton père revenait du front comme soldat, il avait le droit de se faire tuer, mais pas de prendre un verre.

TOM PEZINDAWATCH
Je sais aussi qu'ils avaient pas le droit de voter non plus! Aujourd'hui on a le droit mais personne va voter quand y a une élection. Qu'est-ce que cela donne de plus?

SONNY CRIS
C'est qu'on ne reconnaît pas le gouvernement qui refuse de nous reconnaître comme peuple indépendant et souverain, en ne respectant pas les traités.

TOM PEZINDAWATCH
J'pense qu'on est mieux d'arrêter de parler de ça. On a évolué, pis ça change beaucoup tous les jours. Bon, il faut partir Sonny! La neige commence à être épaisse en pas pour rire ...

SCÈNE 3

La salle du conseil de la bande.

ZÉNON PETAWABANO
Le voilà! En retard mais vivant et tout d'un morceau.

PAUL WAGUSH
C'est pas trop tôt! l'est neuf heures vingt!

Tom et Sonny entrent.

SONNY CRIS
Kwé kwé, les hommes!

FRED, NORMAND, ZÉNON, *presque simultanément*
Kwé Sonny!

FRED PEZINDAWATCH
Je suis content de te voir Sonny. La chasse a-t-elle été bonne?

SONNY CRIS
Passable avant la tempête, mais j'ai fini de lever mes pièges ce matin. Je vais y retourner à la fonte

des neiges seulement, pour les rats musqués et le castor de printemps.

ZÉNON PETAWABANO
Combien de martres et de castors Sonny?

SONNY CRIS
Quarante-deux martres, vingt-quatre castors mais j'ai deux beaux lynx, trois pékans et quatre visons.

NORMAND KISTABISH
Ça veut-tu dire qu'on va faire un gros «party» dans le temps des fêtes?

PAUL WAGUSH
O.K. les bavardages! Vous ferez ça après l'assemblée. Il faut commencer si on veut finir!

SONNY CRIS, *se tournant vers Paul*
Toujours pressé mon Paul? Tu vas mourir plus jeune: on vieillit plus vite en se pressant!

FRED PEZINDAWATCH
Bon, installez-vous tous pour qu'on commence. *(À Tommy:)* Tom pendant ce temps-là va porter les peaux et la viande chez Sonny et va chercher Marie-Rose Canot.

TOM PEZINDAWATCH
Aie, elle reste à la Ginébig et il neige fort. Le chemin est-il ouvert?

FRED PEZINDAWATCH
Amikinini est allé ouvrir le chemin vers huit heures; il doit être revenu!

TOM PEZINDAWATCH
Pourquoi pas avoir ramené Marie-Rose en même temps ?

FRED PEZINDAWATCH
Il a dû prendre le vieux Goose pour l'amener à l'hôpital. Il est malade depuis deux jours et sa fille a téléphoné à ta mère cet après-midi. Il a quatre-vingt-huit ans, tu sais ?

TOM PEZINDAWATCH
O.K. J'y vais tout de suite.

Il sort.

SCÈNE 4

Même décor.

FRED PEZINDAWATCH, *s'assoyant à la table*
Bon, je vais vous dire de quoi nous allons parler ce soir: premièrement, il faut parler du problème de la vitesse sur la route qui traverse la réserve du sud au nord, deuxièmement, de la traverse vers la Ginébig sur laquelle la compagnie de bois transporte les billots depuis deux semaines et, finalement, l'affaire de Marie-Rose Canot. Elle sera là elle-même pour vous dire ce qui s'est passé.

PAUL WAGUSH
Quelqu'un veut ajouter quelque chose à l'ordre du jour?

NORMAND KISTABISH
On pourrait peut-être parler du jeune Ballot qui veut se faire creuser un puits?

FRED PEZINDAWATCH
C'est pas pressé cette affaire! On peut pas le faire avant le printemps. On en reparlera à la prochaine assemblée!

NORMAND KISTABISH
Bon, c'est correct d'abord!

PAUL WAGUSH
Qui propose l'adoption de l'ordre du jour?

ZÉNON PETAWABANO
On est tous d'accord. Pas besoin de proposer.

PAUL WAGUSH
Il faut que ça soit dans les règles pour que ça soit légal.

ZÉNON PETAWABANO
Tu mets les noms que tu veux pis c'est pareil, en autant que personne est contre.

PAUL WAGUSH
Mais c'est pas correct pour les gens du gouvernement!

FRED PEZINDAWATCH
Paul, tu ne travailles pas pour le gouvernement! Tu es conseiller de la bande et secrétaire de la réserve! Tu tiens les minutes pour prouver les décisions du Conseil algonquin et non pour les publier dans les journaux. Du moment que tous sont d'accord, il n'y a aucun problème!

PAUL WAGUSH
Bon, bon. Mais c'est tout croche ce que vous faites. Ce n'est pas légal et si vous avez des problèmes, ne venez pas me blâmer, je vous aurais averti!

FRED PEZINDAWATCH
Bon, parlons de la route nationale.

PAUL WAGUSH
Minute! il faut lire le procès-verbal de la dernière assemblée, ça aussi c'est dans les règles et il faut l'adopter!

SONNY CRIS
On était tous ici, on sait de quoi on a parlé et toi aussi. Alors on te fait confiance. Tu n'écrirais pas ce qu'on a pas dit, n'est-ce pas?

PAUL WAGUSH
Non, mais je peux me tromper!

SONNY CRIS
On te fait confiance Paul. On voudrait régler ce qui est à régler et pas revenir pour rien sur ce qui est réglé.

PAUL WAGUSH
Bon, bon, je n'insiste pas et j'inventerai les proposeurs et les secondeurs!

FRED PEZINDAWATCH
Bon: le problème est que les autos passent à soixante et quatre-vingts milles à l'heure et cela met en danger la vie de nos enfants! Il faudrait demander au gouvernement du Québec de réduire la vitesse à trente milles à l'heure sur cette route.

ZÉNON PETAWABANO
Rédige une demande officielle au gouvernement du Québec et envoie une copie aux Affaires indiennes, Paul.

NORMAND KISTABISH
Si le gouvernement refuse de réduire la limite de vitesse, qu'est-ce qu'on fait?

SONNY CRIS

On barricade la route et on empêche les autos de passer tant que le gouvernement ne se grouille pas!

PAUL WAGUSH

C'est pas si simple que ça! Ce n'est pas un moyen légal!

SONNY CRIS

C'est pas légal mais c'est la façon d'ameuter la population et de faire savoir au monde que nous voulons protéger nos enfants. Déjà l'an dernier, le père de Fred s'est fait tuer par un fou, puis la fille à Jos Morin s'est fait blesser gravement; elle a perdu une jambe. On va pas attendre que d'autres accidents arrivent, il faut agir!

FRED PEZINDAWATCH

Bon, ça va Sonny. Tu vas écrire une lettre au ministre, Paul. Pas au commis, au ministre direct.

PAUL WAGUSH

Bon, j'en prends note.

FRED PEZINDAWATCH

Bon, la traverse vers la Ginébig est utilisée par la Compagnie nationale de papier. La compagnie entretient cette route à partir du pont de la rivière mais refuse de l'entretenir sur les dix milles de la réserve. Qu'est-ce que vous proposez?

PAUL WAGUSH

Là-dessus il faut que je vous dise que j'ai rencontré Paul Deneault, le chef des opérations forestières, et je lui ai demandé pourquoi il ne laissait pas ses charrues ouvrir le chemin de la réserve au moins jusqu'à la cabane à Tebasco — soit la longueur de la forêt jusqu'au début de la zone habitée? Il m'a répondu que nous autres, on recevait des subventions des Affaires indiennes pour faire ce travail.

ZÉNON PETAWABANO

On a rien qu'à pus l'ouvrir, dépassé la cabane à Tebasco. C'est simple!

FRED PEZINDAWATCH

C'est pas si simple que ça Zénon. On a une dizaine de bûcherons de la réserve qui travaillent aux chantiers du haut. Si on cesse d'ouvrir le chemin, la compagnie peut aussi bien les mettre à la porte en guise de représailles.

NORMAND KISTABISH

Ça sera pas grave, i' vont être les premiers congédiés aux fêtes, pis i' vont recommencer rien que au printemps.

SONNY CRIS

Le problème va être pire au dégel, même si le charroyage cesse une couple de semaines, la route va être défoncée quand même et c'est là qu'on va avoir du trouble. Ouvrir le chemin l'hiver c'est à demi-mal! Cinq milles de plus ou de moins, ça va pas changer beaucoup le contrat, mais à l'été l'entretien est bien plus difficile et ça prend beaucoup d'hommes. Il faudrait qu'on demande à la compagnie d'en payer une partie des coûts.

PAUL WAGUSH

Ça procurerait une dizaine d'emplois supplémentaires mais je doute fort que la compagnie accepte.

FRED PEZINDAWATCH

À moins qu'on demande à la compagnie d'engager des bûcherons supplémentaires à même la réserve pour compenser la perte en argent à l'entretien de la route. Pour cet item, on peut probablement demander une subvention fédérale!

SONNY CRIS

Ouais, on gagnerait plusieurs emplois. D'autant plus que le gouvernement demanderait peut-être à la compagnie de contribuer? Nous, les gens ne nous écoutent pas mais le gouvernement, c'est pas pareil!

FRED PEZINDAWATCH

C'est ce qu'on va faire. Paul, on va demander une subvention pour l'entretien des chemins, et on va rencontrer Deneault pour essayer de faire engager quelques bûcherons de plus venant de la réserve!

PAUL WAGUSH

J'ai bien l'impression que ça va pas être facile de faire engager d'autres hommes. La compagnie ne commence à engager des Indiens que lorsqu'elle ne trouve plus de Blancs pour faire «la job». Elle va faire appel au bureau de placement des autres villes avant de faire l'engagement d'Indiens d'ici. Si elle augmente ses effectifs de coupeurs, je doute fort que ça soit des Indiens!

FRED PEZINDAWATCH

C'est vrai que la compagnie engage surtout des gars avec des «Garettes» et des camions mais nous allons lui faire une offre qu'elle ne pourra pas refuser. Nous négocierons honnêtement mais si Deneault refuse cette offre, au printemps nous fermerons la route complètement ou nous chargerons un droit de passage. Sur notre territoire nous avons tous les pouvoirs. Il faut devenir ferme dans toutes nos revendications afin d'augmenter les revenus de la réserve tout en étant respectés et traités honnêtement. Il faut recevoir autant que l'on donne. C'est ça l'équité.

PAUL WAGUSH

On va perdre des amis au village! On peut avoir la vie dure en ville, si on devient sévère sur la réserve.

SONNY CRIS

Quand on roule sur les routes du village avec nos camions, c'est pour y apporter de l'argent. On achète ces camions et ces autos en ville, l'essence aussi, ainsi que notre nourriture et nos vêtements, les matériaux de construction et les trappes de métal. Jamais un des nôtres ne va en ville pour recevoir... Même au bar de l'hôtel, les Indiens sont mis à la porte quand ils n'ont plus un sou en poches.

ZÉNON PETAWABANO

Tu veux dire Sonny, que lorsque les gens de la ville passent sur les routes de la réserve, ils n'apportent pas d'argent?

SONNY CRIS

Uniquement lorsqu'ils veulent de l'artisanat, et encore ce sont bien plus les touristes que les gens d'ici. Il est temps qu'on fasse quelque chose.

PAUL WAGUSH

Bon, je vais commencer les procédures dès demain matin. Mais je ne crois pas que nous soyons en position d'établir les règles du jeu! Nous sommes neuf cents et je doute que tous soient d'accord sur cette façon d'agir.

FRED PEZINDAWATCH

Si les nôtres ne sont pas derrière nous c'est la fin de tout. Il n'y aura plus d'Indiens après nous. Il y aura des gens avec du sang indien dans les veines, c'est tout. Il faut simplement expliquer aux gens ce qui se passe. Ils nous appuieront.

SCÈNE 5

La porte s'ouvre et Tom entre, suivi de Marie-Rose Canot.

TOM PEZINDAWATCH
Et voilà Marie-Rose!
FRED PEZINDAWATCH
Kwé, Marie-Rose. Merci d'être venue.
MARIE-ROSE CANOT
Kwé, Fred! Kwé, Sonny, Kwé, Zénon, Kwé, Normand.
ZÉNON, SONNY, NORMAND, *simultanément ou presque*
Kwé, Marie-Rose.
PAUL WAGUSH
Kwé, Marie-Rose.

Marie-Rose Canot reste silencieuse et ne le regarde même pas.

PAUL WAGUSH
Tu refuses de me parler Marie-Rose? Est-ce que je t'ai fait quelque chose sans le savoir?

MARIE-ROSE CANOT, *sans s'occuper de Paul*
Fred, si tu le veux bien je vais enlever mon manteau et on va commencer tout de suite avec le sujet qui m'amène aujourd'hui !

TOM PEZINDAWATCH
Bon, eh bien comme je ne suis pas membre du conseil, je vais aller à la maison attendre que ça soit fini pour ramener Marie-Rose chez elle !

FRED PEZINDAWATCH
Tu peux laisser le camion ici, j'irai conduire Marie-Rose moi-même.

TOM PEZINDAWATCH
O.K. ! Ça fait mon affaire. Madja-chi-inne. *(Il sort.)*

PAUL WAGUSH, *toujours insistant*
Je ne comprends toujours pas pourquoi tu es fâchée contre moi et refuses de me parler Marie-Rose ?

MARIE-ROSE CANOT
Fred, je désire que ce soit toi et les autres aînés qui posent les questions, si vous en avez !

FRED PEZINDAWATCH
Paul est aussi un conseiller et il a été nommé par l'assemblée pour agir au nom des gens d'ici. En plus, il est le secrétaire de la bande et il note tout ce qui se dit au conseil.

MARIE-ROSE CANOT
Il peut écouter ce que j'ai à dire et le mettre sur papier, mais je suis sûre qu'à partir d'un certain moment, il va cesser de noter mes paroles.

PAUL WAGUSH

Et pourquoi crois-tu que j'arrêterais de faire mon travail ?

MARIE-ROSE CANOT

Parce que tu seras trop occupé à te défendre. *(À Fred:)* Il y a trois jours je levais mes trappes à castor le long de la Ginébig, juste au-dessus du Nid de l'Aigle quand j'ai rencontré une équipe de cinq hommes qui plantaient des piquets dans la neige, et qui marquaient les arbres avec de la peinture rouge. Ils mesuraient une partie du Buton de la montée à l'Orignal. Comme j'avais relevé des traces sur ma ligne de trappe et que mes pièges étaient vides probablement à cause de leur présence, je leur ai demandé ce qu'ils faisaient là. Le plus vieux m'a dit que ces gens avaient prospecté la région pendant l'automne et que cette partie avait été «claimée» par sa compagnie, la *Gold Prospecting* d'Abitibi. Je lui ai répondu que c'était impossible, qu'il s'était sûrement trompé d'endroit et qu'il était sur la réserve indienne. Il m'a alors montré une autorisation écrite permettant à sa compagnie de prospecter la réserve entière pour y trouver de l'or.

FRED PEZINDAWATCH, *surpris*

Nous n'avons jamais accordé de permission à personne de prospecter dans la réserve! Je ne comprends pas. Et je n'ai jamais vu d'étrangers passer sur la réserve non plus.

MARIE-ROSE CANOT

La permission portait l'en-tête de la bande et la signature de Paul Wagush, secrétaire de la réserve. La date était celle du huit septembre de l'année passée.

FRED PEZINDAWATCH, à *Paul*:
Est-ce que c'est vrai que tu as donné la permission à des étrangers de prospecter dans la réserve?

Tous regardent Paul.

PAUL WAGUSH
Ben oui... Je ne pouvais pas refuser; le sous-sol de la réserve ne nous appartient pas.

ZÉNON PETAWABANO
Et tu ne nous l'as même pas dit?

PAUL WAGUSH
C'est du travail de routine. Je n'avais pas besoin de vous demander la permission!

SONNY CRIS
Tu t'es pris pour le chef. Tu n'as pas le droit de prendre une décision comme ça, sans nous en parler au conseil.

PAUL WAGUSH
Ça fait partie de mon travail administratif. Je dois prendre des initiatives comme celle-là de temps à autre.

FRED PEZINDAWATCH, *sourdement, ferme et sans colère*
Personne n'a le droit d'engager l'avenir des gens sans leur en parler. Pas même un chef. Il va maintenant falloir empêcher ces gens de pousser plus loin leurs recherches avant qu'il ne soit trop tard et qu'on se fasse voler légalement le sous-sol de notre réserve, après s'être fait usurper tout le pays.

PAUL WAGUSH

J'ai l'impression que vous vous bouchez les yeux pour ne pas voir et que vous refusez d'entendre. Dans nos cessions de terres et dans l'acquisition des autres lots adjacents à la Ginébig, nulle part il n'est mentionné que nous sommes possesseurs du sous-sol.

MARIE-ROSE CANOT

Mais en revanche, nulle part on ne fait mention que nous n'en sommes pas propriétaires! Puisque nous sommes maîtres du développement économique du territoire et le sous-sol faisant partie de notre territoire, c'est donc à nous que reviennent les richesses d'exploitation.

PAUL WAGUSH

Tu parles comme un policitien Marie-Rose! Où as-tu appris ce que tu avances? Sur ta ligne de trappe?

MARIE-ROSE CANOT

Avant de choisir de vivre sur la réserve, j'ai eu l'occasion d'étudier à l'université d'Ottawa. Ça répond à ta question?

NORMAND KISTABISH

Je vous suis mal tous les deux. Vous parlez tous les deux de la même chose, ayant lu les mêmes ententes dans les mêmes écrits, et vous ne semblez pas avoir compris la même chose?

FRED PEZINDAWATCH

Je pense Normand, que tu vas comprendre quand tu auras lu les ententes toi-même. Il serait bon, avant de jeter le blâme sur quelqu'un, que nous fassions le point et que nous consultions un conseiller juridique sur le fond de l'entente qui nous faisait possesseurs des cent huit milles carrés de territoire en 1874, «pour le profit et le développement social, culturel et économique des Algonquins et leurs descendants».

Je considère que si le sous-sol ne nous appartient pas, il n'y a pas de profit et pas d'autonomie, de développement social, culturel et économique! Ce qui fait que le document n'a aucune valeur et que l'interprétation erronée peut nous déposséder de tout ce que nous croyions être à nous! Il faut relire le tout avant d'aller plus loin, afin de ne pas nous retrouver dans une impasse.

PAUL WAGUSH

Je connais les textes par cœur: nous n'avons aucun droit sur le sous-sol de notre réserve. Nous ne pouvons empêcher les prospecteurs de sillonner notre territoire pour découvrir des gisements de minerais. Nous ne pouvons que charger un droit de passage pour compenser les frais d'entretien des routes et ...

MARIE-ROSE CANOT

...collecter de l'argent sous la table contre des permissions aux prospecteurs.

PAUL WAGUSH

Qu'est-ce que tu veux dire, Marie-Rose Canot? Je n'aime pas tes allusions!

MARIE-ROSE CANOT

Je fais allusion au chèque de deux mille dollars fait à ton nom par la *Gold Prospecting* et que tu as déposé à la Banque de Nouvelle-Écosse en février dernier, soit cinq mois après avoir signé l'autorisation de prospecter sur les terres de la réserve. Puis en juillet tu as fait un voyage à New York et en septembre tu es allé à Noranda pour rencontrer les gens de la compagnie. Résultat! Ton compte en banque a grossi, tu as acheté un camion neuf et payé comptant et tu as fait bâtir ta maison, sans emprunter d'argent! Combien as-tu touché après ce chèque de deux mille dollars? Toi seul, peux nous le dire. Combien as-tu touché pour avoir vendu notre sous-sol à notre insu?

Long silence.

SONNY CRIS

Si tout cela est vrai Paul, j'ai pitié de toi! Tu dois avoir de la difficulté à dormir la nuit?

ZÉNON PETAWABANO

Je sais que Marie-Rose n'a aucune raison de mentir. Je crois qu'elle est bien renseignée car ses accusations sont graves. Trop graves pour les faire sans preuves.

FRED PEZINDAWATCH

Paul Wagush, j'attends des explications de ta part, autrement je serais obligé de te demander de nous remettre ta démission.

PAUL WAGUSH

Je n'ai aucune explication à donner. Marie-Rose m'accuse faussement et je la défie de fournir des preuves de ce qu'elle avance!

MARIE-ROSE CANOT, *fouillant*
dans son sac à main

Voici une photocopie du chèque de la *Gold Prospecting*. Pour ce qui est de ta visite à New York, c'est ta femme qui s'est échappée à Magda Morin, chez qui elle a couché lorsqu'elle est allée te chercher à l'aéroport d'Ottawa. Ta visite à Noranda a été confirmée par ma cousine Marie, qui est la secrétaire du surintendant de la *Gold Prospecting* à Noranda. Elle tient l'agenda de son patron. Voulez-vous d'autres preuves?

SCÈNE 6

Chez les Pezindawatch.
Fred est absorbé par la télévision pendant que
Vera lave la vaisselle. On frappe et entre.

VERA PEZINDAWATCH
Kwé, kwé, Marie-Rose! Arrives-tu de la Ginébig?

MARIE-ROSE CANOT
Non Vera, la glace fond vite et elle est encore trop dangereuse pour que je m'aventure dessus. Je ne poserai des trappes à rats musqués qu'après la débâcle.

VERA PEZINDAWATCH
As-tu entendu parler des derniers développements de l'affaire de la mine?

MARIE-ROSE CANOT
Non. C'est pour ça que je viens voir Fred.

VERA PEZINDAWATCH
Il écoute la télévision! Dans ce temps-là il entend personne. Fred! Marie-Rose est ici.

FRED PEZINDAWATCH
Kwé, Marie-Rose. Assieds-toi.

MARIE-ROSE CANOT
Fred, as-tu vu les avocats à Montréal?

FRED PEZINDAWATCH
Oui, je les ai rencontrés; j'avais emmené Sonny Cris et Zénon Petawabano avec moi. Vera, voudrais-tu fermer la télévision?

VERA PEZINDAWATCH, *fermant la télé*
Je ne sais pas ce que tu ferais sans T.V.? Tu ne pourrais plus vivre comme autrefois, Fred!

FRED PEZINDAWATCH
Tu as raison Vera, on ne retourne jamais en arrière. Il y a cent ans, cela m'aurait pris trois à quatre semaines pour aller à Montréal et en revenir.

MARIE-ROSE CANOT
Et Paul Wagush aurait pris des mois pour aller à New York et Noranda.

FRED PEZINDAWATCH
En parlant de Paul, tu sais qu'il est allé à Ottawa faire pression auprès du ministère des Affaires indiennes, pour que nous soyons obligés d'adopter le suffrage universel afin d'élire les conseillers! Résultat, j'ai reçu une lettre du ministère, m'avisant qu'à compter de l'élection de septembre, il ne reconnaîtra plus que ceux qui seront élus par suffrage universel!

MARIE-ROSE CANOT
Mais si les gens refusent de voter, le gouvernement sera bien obligé de reconnaître notre façon de choisir un chef et ses conseillers.

FRED PEZINDAWATCH

Paul Wagush a déjà commencé sa cabale pour inciter les gens à réclamer le vote à la prochaine élection. Il semble que ses frères le poussent à se présenter comme chef.

VERA PEZINDAWATCH

Tu sais bien qu'il n'a pas de chance contre toi Fred, surtout après ce qu'il a fait contre la communauté!

FRED PEZINDAWATCH

Il a toutes les chances parce que s'il y a vote secret, je ne serai pas candidat! Je crois à la tradition et j'exige que les gens soient assez francs pour exprimer leur point de vue. En choisissant les conseillers de façon ouverte comme on l'a toujours fait, on attire ceux qui s'intéressent à leurs propres affaires. Je ne jouerai pas le jeu du gouvernement. Il accepte la façon traditionnelle ou il la rejette. C'est aux gens d'ici à décider. Pas au gouvernement... Mais je n'ai pas beaucoup d'espoir.

MARIE-ROSE CANOT

Mais quel est l'avis des avocats sur l'affaire du sous-sol minier? Qu'est-ce qu'ils ont dit?

FRED PEZINDAWATCH

Ils ont étudié les documents et en sont venus à la conclusion que nous ne pouvions rien faire pour les empêcher d'exploiter la mine. Nous pouvons négocier des droits de passage et des coûts de dédommagement des terres intéressées. Mais là encore, il y a une autre affaire: sur les papiers officiels, nos ancêtres ont accordé le droit de tutelle au gouvernement qui peut, s'il le veut, négocier à notre place et accepter n'importe quoi en notre nom, sans que nous n'ayons rien à dire.

MARIE-ROSE CANOT

Tu veux dire qu'on est pris, sans porte de sortie? Et l'argent accepté par Paul Wagush en retour de la permission de prospecter?

FRED PEZINDAWATCH

La seule chose que l'on peut faire, c'est de porter plainte contre lui au criminel et le faire arrêter pour avoir accepté des pots-de-vin dans l'accomplissement de ses fonctions. On ne peut rien faire contre lui en ce qui concerne la permission accordée à la *Gold Prospecting* de prospecter la réserve. Cette permission, ils n'avaient pas besoin de l'obtenir, ce n'était que par courtoisie qu'ils le faisaient, selon les avocats.

VERA PEZINDAWATCH

Nos terrains privés... Ils ne peuvent pas y passer sans notre permission.

FRED PEZINDAWATCH

Les terrains «claimés» où ils ont trouvé de l'or appartiennent au grand-père de Paul Wagush et il n'y a que le côté de la montée de l'Orignal qui t'appartient Marie-Rose; et ils peuvent très bien l'atteindre par en dessous, sans toucher à ta terre.

MARIE-ROSE CANOT

On ne va pas laisser les étrangers passer ici, et faire de notre réserve une propriété commerciale! On est chez nous, maudit!

FRED PEZINDAWATCH

Il semble que notre seul recours n'en soit un pas légal. On a qu'à se grouper avec des armes et défendre aux ouvriers de la *Gold Prospecting* de mettre les pieds sur la réserve.

VERA PEZINDAWATCH, *inquiète*
Mais Tom m'a dit que l'exploitation de la mine procurerait des emplois aux Indiens de la réserve!

FRED PEZINDAWATCH
Combien d'emplois? Pas ceux qui nécessitent une spécialisation. Ils seront bûcherons pour couper les étais à galeries et pelleter le minerai. Cela veut dire que pour chaque emploi indien, il y aura vingt-cinq non indiens.

MARIE-ROSE CANOT, *gênée*
Fred, Vera, j'avais quelque chose à vous dire en venant ici et je ne savais pas comment aborder le sujet ... votre fils Tom, et bien... il cabale avec Paul Wagush pour la mine...

FRED PEZINDAWATCH, *ahuri*
Es-tu sûre de ce que tu dis Marie-Rose?

VERA PEZINDAWATCH
Voyons, où as-tu été chercher ça Marie-Rose? Tommy ne travaillerait pas contre son père!

MARIE-ROSE CANOT, *humaine et gênée*
Je voudrais tellement me tromper mais j'en suis sûre. Tommy était hier chez Normand Kistabish, ton conseiller, pour le convaincre qu'il devrait suivre les jeunes dans leur projet d'instituer le vote universel et de laisser la compagnie *Gold Prospecting* s'installer sur la réserve. Appelle-le Fred, tu verras bien. Ça me fait de la peine pour toi Fred et pour toi aussi Vera: c'est toujours dur de s'apercevoir que les nôtres nous lâchent...

VERA PEZINDAWATCH, *bouleversée*
C'est pas possible ... pas Tommy ...

MARIE-ROSE CANOT

Bon, eh bien, puisque vous savez... je retourne chez mon frère Jos, si tu as besoin de moi Fred ... n'hésite pas.

Elle sort. Long silence. Fred reste de marbre.

VERA PEZINDAWATCH

Ça ne sert à rien de te ronger Fred ... Je pense qu'il faut attendre que Tommy nous explique lui-même si ce que Marie-Rose a dit est vrai ou non. Moi je ne peux pas le croire. Veux-tu que je lui téléphone? Il est sans doute chez lui à cette heure-ci.

FRED PEZINDAWATCH

Non. J'aimerais mieux lui parler en personne. Je vais attendre de le rencontrer. Je commence à comprendre pourquoi il m'évite depuis quelque temps. Il a peur de moi!

VERA PEZINDAWATCH

Je continue à croire que ce n'est pas vrai. Tommy m'en aurait parlé. Il n'a aucune raison de te faire du tort, même si vous n'êtes pas toujours d'accord. C'est notre fils, Fred!

FRED PEZINDAWATCH

C'est aussi un homme Vera ... et les hommes sont influençables. Qui sait ce qu'ils lui ont promis pour qu'il mette son nom dans cette affaire. L'argent sans doute ... oui sans doute l'argent ...

SCÈNE 7

Au conseil de la bande.

ZÉNON PETAWABANO

C'est grave Fred, ce que tu nous proposes là! Empêcher le monde d'entrer dans la réserve! Si la police sert d'escorte qu'est-ce qu'on fait?

FRED PEZINDAWATCH

Les Provinciaux n'ont pas d'affaire sur un territoire fédéral, et la Gendarmerie royale est à Ottawa. Le temps qu'ils se montrent le nez, les journalistes auront eu le temps d'en parler. Il s'agit de les avertir pour qu'ils ameutent l'opinion publique. Il faut leur exposer notre point de vue avant! C'est tout. Une injustice ça doit être connue de tous.

NORMAND KISTABISH

Fred, tu parles d'injustice mais tout le monde n'est pas d'accord sur le principe. Il y en a qui croient que c'est une bonne chose pour la réserve. Ils disent que cela va créer une centaine d'emplois.

FRED PEZINDAWATCH

C'est Paul Wagush qui t'a convaincu de cela? ou est-ce mon fils Tommy?

SONNY CRIS

Fred, oublie tes blessures personnelles et regarde les choses en face. On est tous prêts à te suivre mais il faut que les plans soient bien établis. Il faut que nous soyons sympathiques à l'opinion publique autrement le tout se retourne contre nous!

ZÉNON PETAWABANO

Il faut que les gens nous suivent pour que cela en vaille la peine. Si la réserve est divisée en deux clans et qu'on se batte entre nous, on va faire rire de nous.

FRED PEZINDAWATCH

On est neuf cent six sur cette réserve. On a été choisis pour représenter et gérer la communauté. Il y avait deux cent cinquante personnes dans la salle lors de notre élection. C'était la onzième fois que j'étais nommé chef — vingt-deux ans de service. Deux cent cinquante adultes responsables sur les trois cent quatre qui sont habilités à voter nous ont fait confiance et je n'ai aucun doute quant à leur fidélité à nous suivre dans ce barrage routier que nous dresserons contre les équipements de la *Gold Prospecting* lorsqu'ils montreront leur nez la semaine prochaine.

NORMAND KISTABISH

Fred, je ne voudrais pas que ce que j'ai dit fasse ombrage à notre amitié... C'est vrai que ton fils est venu me voir pour m'expliquer son point de vue sur cette affaire... mais je lui ai dit que notre conseil était une affaire d'équipe et que tu étais notre chef. Je lui ai demandé pourquoi il ne t'en parlait pas plutôt que faire ce qu'il fait?...

FRED PEZINDAWATCH

... et il t'a dit que je ne comprendrais pas. Que mes idées étaient celles d'un vieil homme qui vit dans le passé avec mes traditions qui ne sont plus celles des gens de la réserve?... C'est bien ça Normand? ... *(Silence.)* C'est ça ou c'est pas ça? ... *(Fâché.)* Réponds maudit ...

SONNY CRIS

Fred ... on ne doit jamais être émotif dans une situation comme celle-ci. Encore moins quand on est chef.

FRED PEZINDAWATCH

Même quand ton propre fils devient ton ennemi Sonny?

SONNY CRIS

Même quand ton fils n'est pas du même avis que toi Fred. Souvent un père et un fils peuvent avoir des idées différentes. Les idées font que souvent deux frères se battent. Mais cela ne devrait pas faire d'eux des ennemis ... à moins que le père n'accepte pas que son fils pense différemment et qu'il ait de l'initiative!

FRED PEZINDAWATCH

Il ne m'a jamais exposé ses idées. Il n'en a jamais discuté avec nous à la maison. Il est allé partout dans la réserve pour tourner les gens contre nous, le Conseil, avec Paul Wagush — un gars qui a accepté de l'argent en cadeau pour laisser ces étrangers prospecter la réserve. Il a vendu l'or qui appartient à la communauté.

SONNY CRIS

C'est vrai que les gars de la compagnie *Gold Prospecting* n'ont pas joué franc. Ils auraient pu venir au conseil et nous exposer leurs arguments! Mais ça ne veut pas dire que tous ceux qui pensent que cela donnerait des emplois à la réserve sont tous des bandits et des voleurs! Ton fils n'a jamais reçu d'argent, lui! Pourtant il pense comme Wagush et sa famille! Fred, essayons de savoir si les gens sont avec nous ou s'ils croient que nous devrions tenter de discuter avec cette compagnie pour obtenir un meilleur marché possible.

FRED PEZINDAWATCH

Tu as peut-être raison Sonny! Êtes-vous tous prêts à faire le tour de la réserve pour savoir ce qu'en pensent les gens.

ZÉNON PETAWABANO

Prêts à commencer demain matin.

NORMAND KISTABISH

Je prends l'ouest de la Ginébig jusqu'au ruisseau Gigo. C'est mon bout. Je connais tout le monde.

SONNY CRIS

Moi, je prends l'est jusqu'à la rivière du Hibou... Zénon prendra le centre jusqu'au lac Pegwan, tu pourras prendre les rangs de la voie ferrée Fred. En deux jours on aura tout couvert et on saura si oui ou non les gens nous suivent.

SCÈNE 8

À la maison de Fred, le soir.
Trois jours plus tard.

FRED PEZINDAWATCH
C'est drôle Vera pendant un certain temps j'ai eu l'impression d'être vieux.

VERA PEZINDAWATCH
Fred, je savais que les gens avaient confiance en toi! J'étais sûre qu'ils te suivraient. Combien sont avec toi?

FRED PEZINDAWATCH
Deux cent soixante-huit sur trois cent six. Cela veut dire que trente-huit personnes seulement sont en faveur de l'établissement de la mine. Et pas une seule de ces personnes ne s'intéresse aux affaires de la réserve habituellement. Ce sont des passifs qui sont presque tous apparentés à Paul Wagush.

VERA PEZINDAWATCH, *hésitante*
Et Tommy, lui as-tu parlé?

FRED PEZINDAWATCH
Non, je l'ai compté parmi les trente-huit. Lui et sa femme.

VERA PEZINDAWATCH

Tu ne crois pas qu'il vaudrait mieux lui parler avant l'arrivée des machineries des gens de la mine? Avant que vous ne bloquiez la route?

FRED PEZINDAWATCH

Est-ce qu'il est venu me voir pour me parler de son choix? Il connaissait déjà le mien mais il a préféré agir en hypocrite comme les gens de la *Gold Prospecting*. Il a agit en dessous.

VERA PEZINDAWATCH

Tu t'entêtes Fred... et ça me fait mal. Tommy est mon seul fils Fred et ...

FRED PEZINDAWATCH

Tu l'as dit Vera ... C'est *ton* fils. Parle-lui si tu veux, moi je n'ai rien à lui dire.

VERA PEZINDAWATCH

Tu te butes comme ton père; pareil!

FRED PEZINDAWATCH

On peut pas en dire autant de ton fils!

VERA PEZINDAWATCH

C'est probablement pour ça qu'il n'est pas venu te parler. Il savait que tu étais trop entêté pour comprendre son point de vue...

FRED PEZINDAWATCH

... Je pense qu'on a assez parlé de lui Vera. Fais-moi plaisir veux-tu? évite de m'en parler ... à l'avenir...

VERA PEZINDAWATCH

Bon, comme tu voudras ... *(Silence.)* Quel jour les gens de la mine seront-ils là?

FRED PEZINDAWATCH

Ils devraient normalement être là lundi matin, mais je ne prends pas de chance. Dès demain, je place des gens armés aux quatre routes d'accès à la réserve. Zénon va s'occuper du côté nord de la route nationale et moi du côté sud. Normand va surveiller le chemin du Lac Sapin et Sonny, le chemin Ginébig. Nous aurons chacun une dizaine d'hommes et de femmes armés de bâtons, fourches et carabines.

VERA PEZINDAWATCH

Tu n'as pas peur qu'il y ait de la violence?

FRED PEZINDAWATCH

S'il y en a, ce ne sera pas nous qui l'aurons commencé. J'ai averti tout le monde que notre barricade de la route doit être pacifique. Ferme et décidée, mais pacifique. Une fois les barricades en place, nous nous mettrons derrière. Si on force les barricades, il faudra nous passer sur le corps pour entrer dans la réserve!

VERA PEZINDAWATCH

Allez-vous bloquer la route pour tout le monde?

FRED PEZINDAWATCH

Nous laisserons passer les gens du village qui ont affaire et ceux qui travaillent en dehors. Nous empêcherons les visiteurs, qui ne font que traverser la réserve pour aller au nord ou en ville, de passer. De cette façon nous éviterons que les patrons de la compagnie ne se fassent passer pour des touristes et entrent chez nous. C'est une question de principe.

VERA PEZINDAWATCH

Les policiers provinciaux vont peut-être forcer vos barricades avant même que vous n'ayez ameuté la population?

FRED PEZINDAWATCH

Les gens du village sont déjà au courant de notre protestation, et nous avons des appuis de plusieurs. D'autres, voyant une chance d'avoir un emploi, aimeraient bien que la mine soit exploitée. Mais pour ce qui est de la police, les Provinciaux n'ont rien à faire sur notre réserve! Nous ne tolèrerons pas d'ingérence de leur part.

VERA PEZINDAWATCH

Sur les deux chemins de bois, non! Mais sur la route nationale! C'est une route provinciale! Ils nous ont fait signer une entente de quatre-vingt-dix-neuf ans.

FRED PEZINDAWATCH

Le paiement de la soixante et unième année est dû depuis deux mois et nous n'avons aucune nouvelle du gouvernement. Nous sommes donc en droit de bloquer la route pour non-paiement de loyer.

VERA PEZINDAWATCH

Je le souhaite Fred. Je le souhaite vraiment.

La scène s'obscurcit graduellement.

SCÈNE 9

Sur la route, aux barricades.
On entend des autos et des camions venir. Ils s'arrêtent tous aux barricades.

UNE VOIX
Où allez-vous?

On entend de loin:

DEUXIÈME VOIX
Au village, je suis voyageur de commerce.
UNE VOIX
Quels magasins allez-vous visiter?
DEUXIÈME VOIX
Robert Meeker et Anselman.

UNE VOIX
O.K.! Vous pouvez passer.

Les voix s'estompent. Bruit d'automobile qui repart.

Lumière sur Marie-Rose.

MARIE-ROSE CANOT

Fred, ma sœur est à Pointe-du-Fort à vingt-cinq milles plus bas et elle surveille la route. Si elle voit les camions de la *Gold Prospecting* ou quelque chose y ressemblant, elle téléphone chez Basile et on sera prévenus une demi-heure avant qu'ils ne soient là.

FRED PEZINDAWATCH

Espérons qu'ils viendront par le sud. S'ils venaient par le nord, Zénon serait surpris et risquerait de se faire jouer des tours.

MARIE-ROSE CANOT

Pas plus, Zénon s'est arrangé avec Moquin le trappeur qui reste à Grand-Bateau pour qu'il fasse pareil et appelle chez Jos-Girod, où sont les barricades.

FRED PEZINDAWATCH

J'pense que Zénon et toi Marie-Rose, vous auriez fait de bons guerriers, autrefois. Vous pensez à tout. Même au service d'information. C'est presque de l'histoire de guerre. Il y a vingt ans cela m'aurait bien amusé. Mais aujourd'hui, ... peut-être que je me fais vieux.

MARIE-ROSE CANOT

Non Fred, tu n'es pas vieux. Tu es prudent. Tu as beaucoup d'expérience de la vie et c'est pour cela que les gens te font confiance!

FRED PEZINDAWATCH

J'aurais aimé que mon fils aussi me fasse confiance Marie-Rose!

MARIE-ROSE CANOT

Cesse de penser à cela Fred. Tu te fais du mal inutilement. Ton fils va se rendre compte un jour que tu avais raison.

FRED PEZINDAWATCH

Le pire Marie-Rose, c'est que je ne sais plus très bien si j'ai vraiment raison. Je me dis que la majorité des gens de la réserve ne peut avoir tort et pourtant je doute quand même.

MARIE-ROSE CANOT

Eh bien, ne doute plus Fred. C'est toi qui a raison. Et moi je crois en toi.

FRED PEZINDAWATCH

Je suis honoré de voir qu'on me fait encore confiance Marie-Rose, mais j'ai passé l'âge de me gourmer de compliments. Je sais très bien que si on ne réussit pas à empêcher la *Gold Prospecting* de s'installer sur la réserve, les gens auront vite fait de nous blâmer pour avoir manqué de vigilance au début. Les Indiens sont des gens comme les autres mais qui ont perdu la fierté d'être Indiens, ce qui fait d'eux des habitants comme tous les autres de ce pays-ci. Pas pires, mais pas meilleurs non plus.

BASILE, *de loin puis se rapprochant*

Hé, Noella vient de téléphoner. Il y a seize camions de la *Gold Prospecting* qui viennent de passer à Pointe-du-Fort. Il y a des pelles, des foreuses, des bulldozers et des roulottes. Mais il y a plus : six autos de police ouvrant le chemin et ce sont des R.C.M.P.

FRED PEZINDAWATCH

Ils ont pris leurs précautions ! Ils savent s'y prendre.

BASILE

C'est pas tout : dans le convoi il y a un petit camion vert avec une tête d'Indien dessus.

MARIE-ROSE CANOT

C'est le camion de Paul Wagush. Ça veut dire que c'est lui qui est allé chercher la police montée. *(Criant:)* Est-ce qu'il est seul dans son camion ? Basile ?

BASILE

Non. Ils se sont arrêtés au restaurant d'André Pelletier et Noella a vu Tommy avec Paul Wagush. Je m'excuse Fred mais c'est Noella qui l'a dit. Moi je ne fais que le message.

FRED PEZINDAWATCH, *bas pour lui-même mais assez fort pour être compris*

J'attendais n'importe quoi mais pas ça ! Non, vraiment pas ça !

MARIE-ROSE CANOT

Qu'est-ce que tu vas faire Fred ?

FRED PEZINDAWATCH, *calme*

Attendre qu'ils arrivent Marie-Rose. Attendre qu'ils arrivent.

UNE VOIX, *de loin*

Hé, Fred ! Il y a la télévision qui s'amène. Ils veulent te voir.

FRED PEZINDAWATCH

Envoie-les donc ici ! *(Une jeune fille entre.)* Bonjour, je suis Fred Pezindawatch ! Je suis chef de la réserve.

PAULINE MARANGÈRE

Je m'appelle Pauline Marangère ; je suis de l'émission *Actualités nationales* de CROF/TV. Nous avons reçu votre communiqué expliquant votre position face à cette compagnie d'exploitation minière, croyez-vous vraiment être dans vos droits de barricader la route nationale ?

FRED PEZINDAWATCH

Nous avons dépassé le stade de la légalité, mademoiselle. Nous en sommes rendus au refus global d'un peuple qui réclame justice. Il y a une grande différence entre la légalité et la justice. Légalement, on peut tout faire contre nous. Le gouvernement peut se substituer au conseil de la bande comme négociateur, mais moralement, et en toute justice, nous persistons à croire à notre droit à l'autodétermination et au sous-sol de cette terre inculte qu'on nous a laissée comme dernier bastion de notre culture, il y a cent huit ans ... Voyez-vous mademoiselle, il y a neuf cents personnes qui vivent ici dans un état de pauvreté assez révoltant pour un peuple qui garde une certaine fierté ...

Les lumières s'éteignent lentement et se rallument sur Marie-Rose Canot et Basile.

MARIE-ROSE CANOT

Basile, je t'avoue que ça ne sera pas drôle quand Tom et Paul vont arriver ici tout à l'heure. Tom et Fred vont s'affronter ; père et fils vont se heurter et se faire mal mutuellement. Et j'ai bien peur que celui qui aura le plus de mal à l'issue de cet affrontement, ce sera Fred... Qu'il gagne contre son fils, ne voudrait pas dire qu'il aura gagné la bataille...

BASILE

Et moi, j'ai menti : le convoi de camions était à moins de dix milles d'ici quand Noella a téléphoné. Il devrait déjà être ici. Noella, ta sœur, pense aussi que la mine serait une bonne chose pour la réserve.

Mais elle a téléphoné quand même, parce qu'elle te l'avait promis. Je suis désolé Marie-Rose, je savais que toi aussi tu aurais mal en apprenant cela.

MARIE-ROSE CANOT

Je m'y attendais un peu. Même les Indiens changent d'idée. Cela prouve qu'ils sont humains. Mais je savais aussi que Noella était en amour avec Paul Wagush; cela fera un peu plus de trouble et un peu plus de division entre nos gens... cela aussi était à prévoir.

UNE VOIX

Voilà le convoi de la compagnie *Gold Prospecting* qui arrive... et la police avec eux...

MARIE-ROSE CANOT

Viens Basile, il faut faire le barrage humain pour les empêcher de passer.

BASILE

Je préfère rester à l'écart Marie-Rose. Je ne tiens pas à me faire des ennemis sur la réserve. Et je ne veux pas aller en prison non plus...

MARIE-ROSE CANOT

Comme tu voudras Basile. Je ne peux pas t'approuver mais je comprends ta peur. Je suis simplement déçue de ton revirement soudain. Tu avais donné ton appui à Fred...

BASILE

Oui, mais je ne pensais pas que cela irait si loin...

Obscurité graduelle sur eux. Bruits de camions qui s'arrêtent, de portières qui claquent...

PAUL WAGUSH, *parlant fort*
Ouvrez les barricades et laissez passer les camions!

FRED PEZINDAWATCH
Même lorsque les barricades seront enlevées, il restera nos corps qu'il faudra écraser pour entrer sur la réserve, Paul Wagush. Tu peux vendre la réserve aussi souvent que tu le veux Paul, la difficulté sera toujours de la livrer aux acquéreurs.

PAUL WAGUSH
Êtes-vous tous devenus fous? Allez-vous tous risquer la prison et peut-être vos vies pour une illégalité comme celle-là? Fred ne vous a pas dit que ce que vous faites est aussi illégal que néfaste pour vous tous? La *Gold Prospecting Company* veut créer plus de cent emplois pour que vous puissiez vivre décemment sans avoir à quitter votre chez-vous! Si vous vous opposez, vous risquez de tout perdre, y compris les emplois sans pouvoir empêcher l'exploitation de la mine car les policiers sont ici pour faire respecter la loi. Et cette loi dit que le sous-sol de notre réserve ne nous appartient pas. Vous pouvez toutefois bénéficier de cette exploitation en collaborant avec nous!
Enlevez les barricades et rentrez tous chez vous. À compter de la semaine prochaine, la compagnie commencera à engager des gens et vous serez les premiers à être embauchés!

FRED PEZINDAWATCH
Je ne crois pas un traître mot de ce que tu dis Wagush. Tu es en train de te faire du capital à nos dépens. Vous devrez me passer sur le corps pour entrer ces équipements dans notre réserve.

MARIE-ROSE CANOT

Je pense Fred que nous allons être les deux seuls à nous coucher sur la route! Regarde! Les gens rentrent chez eux sans dire un mot! Ils ont peur des policiers!

FRED PEZINDAWATCH

Ou bien ils croient ce que leur dit Wagush!

MARIE-ROSE CANOT

Tu devrais être fier Fred, Tommy n'a pas dit un mot. Il est resté assis dans le camion.

FRED PEZINDAWATCH

Cela me fait encore plus mal au cœur! Il n'a même pas la force de défendre ses idées. Il laisse les autres s'exposer.

MARIE-ROSE CANOT

Peut-être n'a-t-il simplement pas voulu qu'il y ait un affrontement entre père et fils!

FRED PEZINDAWATCH

Peut-être... Viens, couchons-nous Marie-Rose, allons jusqu'au bout de nos convictions!

Ils s'étendent par terre.

POLICIER, *très poli, presque gêné*

Allons, circulez! Monsieur Pezindawatch, madame Canot, si vous ne vous enlevez pas de la route, nous devrons vous arrêter pour refus d'obtempérer l'ordre et pour obstruction à la police dans l'accomplissement d'une tâche officielle!

FRED PEZINDAWATCH

Faites votre devoir monsieur la police! Moi je fais le mien.

MARIE-ROSE CANOT, *riant*
Allez chercher de l'aide car vous n'êtes pas assez fort pour me transporter seul. Je suis trop grosse.

La lumière fond graduellement.

ENTRACTE

DEUXIÈME PARTIE

SCÈNE 10

Chez Fred et Vera Pezindawatch.

VERA PEZINDAWATCH

Je sentais que cela tournerait mal Tommy. Je le sentais depuis que j'avais appris que tu appuyais Paul Wagush. Pourquoi as-tu fait cela Tommy?

TOMMY PEZINDAWATCH

J'ai pas eu tellement le choix tu sais! Je ne travaille pas depuis huit mois. J'ai deux enfants et une femme à nourrir, Tanis. Il n'y a pas un garage qui a besoin de mécaniciens au village. Avec une opération minière sur la réserve, il y aura des réparations de machinerie à effectuer et Paul m'a promis de me faire engager. Je n'avais plus d'assurance-chômage depuis deux mois.

VERA PEZINDAWATCH

Tu n'avais qu'à nous en parler. On a toujours du gibier dans le congélateur. Tu n'aurais pas crevé de faim, Tommy, et tes enfants, on en aurait pris soin comme on a fait avec toi!

TOMMY PEZINDAWATCH

Tu ne comprends pas Tanis, je ne peux pas vivre de la charité toute ma vie. J'ai ma fierté d'homme moi aussi. Avec votre tradition on dirait que vous ne pensez pas à ça. Autrefois, seule la subsistance alimentaire comptait, mais aujourd'hui c'est plus pareil. On ne vit plus uniquement de nourriture Tanis, on a besoin de savoir qu'on est bon à quelque chose dans la vie. Quand on est plus utile à rien, Chomis l'a déjà dit, ton père répétait toujours que lorsqu'on est plus bon à rien, on a qu'à partir mourir.

VERA PEZINDAWATCH

Tu parles comme les gens du gouvernement. Selon eux, il faut que les Indiens fassent comme les Blancs. Ils appellent ça « l'intégration essentielle », mais quand tous les Indiens penseront comme ça, il n'y aura plus d'Indiens, Tommy. La fierté comme tu dis, ça aurait pas pu être d'appuyer ton père ?

TOMMY PEZINDAWATCH

Non, parce qu'il est négatif dans sa façon de penser. Il voudrait que tout le monde soit traditionaliste. C'est plus possible Tanis, il faut vivre avec son temps. On ne peut pas empêcher le progrès. La mine apportera beaucoup à la réserve et on pourra enfin être respectés par les gens du village. On aura de l'argent et c'est la seule marque de respect que ces gens-là comprennent.

VERA PEZINDAWATCH

Tommy, je ne sais plus très bien si c'est toi qui a raison ou si c'est Fred. Mais ton père n'est pas contre le progrès. Il croyait aussi que la mine devait être développée mais il voulait qu'on reconnaisse que le sous-sol appartient à la réserve comme le sol de sable et de roches qu'on nous a laissé en échange de tout le pays. Il voulait négocier la vente du minerai d'or pour que cela profite à la communauté comme c'est écrit dans les papiers signés il y a cent huit ans.

TOMMY PEZINDAWATCH

Mais cela aurait pris des années de négociations si cela avait été possible de négocier, et ça j'en doute. Et des emplois, est-ce qu'on en aurait négocié aussi ? Ce n'est pas tout de gérer les biens de la communauté, il faut aussi penser aux individus !

VERA PEZINDAWATCH

Je comprends, mais je me demande pourquoi tu n'as pas parlé de tout cela avec Fred plutôt qu'avec moi, peut-être qu'on en serait pas là.

TOMMY PEZINDAWATCH

Tu sais très bien qu'on pense pas pareil, lui et moi. Déjà quand j'étais petit et qu'il m'amenait à la chasse, quand je lui demandais de m'acheter une carabine de gros calibre pour tuer l'orignal de plus loin, il me répondait qu'un chasseur indien n'avait pas besoin d'une grosse carabine pour atteindre un orignal. Il disait que le chasseur indien n'avait qu'à faire approcher le gibier plus près, et que deux balles de 22. dans la bosse faisaient le même dommage qu'une balle de 30.06 tirée à un quart de mille. Tu vois bien ! Dès que je lui parlais de quelque chose qui me semblait important pour moi, il me sortait des choses de la tradition indienne.

VERA PEZINDAWATCH

Je pense que ton père essayait juste de te faire comprendre que lorsqu'on a pas les moyens de s'acheter une carabine de cinq cents dollars, on est mieux d'apprendre à connaître le gibier afin d'obtenir les mêmes résultats au bout de la ligne. Tu ne comprenais simplement pas sa façon d'enseigner.

TOMMY PEZINDAWATCH

Il a toujours parlé de tradition et compare toujours les connaissances des Indiens et celles des Blancs et moi je crois qu'il faut cesser de toujours comparer parce qu'au bout c'est toujours les Indiens qui sortent perdants.

VERA PEZINDAWATCH

Ton père a simplement voulu que tu grandisses avec la fierté d'être Indien et ses comparaisons n'étaient que pour te faire comprendre que tu n'avais pas à avoir honte d'être ce que tu es. Tu ne sembles pas avoir compris? C'est dommage... pour vous deux...

TOMMY PEZINDAWATCH

Qu'est-ce que tu veux que j'y fasse, on est pas sur la même longueur d'onde! On pourra jamais s'entendre, c'est tout!

VERA PEZINDAWATCH

Avec tout ça, ton père est toujours en prison. Il refuse qu'on paye cinq cents dollars de caution pour le faire sortir. De l'autre côté, les policiers sont prêts à laisser tomber les charges contre lui, à condition qu'il signe une promesse de garder la paix pendant deux ans, mais il refuse de signer quoi que ce soit. Ça fait qu'il est bon pour au moins une autre semaine avant qu'un juge entende sa cause et l'avocat McNeil dit qu'il peut écoper de quinze jours à un mois de prison s'il refuse de signer la promesse de garder la paix. McNeil dit que le juge va exiger cela.

TOMMY PEZINDAWATCH

On fait une collecte pour le faire sortir de prison mais on a ramassé que deux cent trente-quatre dollars. Les gens sont trop pauvres pour contribuer. Marie-Rose Canot a-t-elle été relâchée?

VERA PEZINDAWATCH

Marie-Rose a été relâchée le jour même. Elle a signé la formule de garder la paix. De plus, Fred a dit aux policiers qu'elle n'avait fait qu'obéir à ses ordres de chef. Ils ont fait semblant d'y croire et l'ont relâchée. *(Temps.)* Tommy, vas-tu aller voir ton père avant qu'il ne soit transféré ailleurs?

TOMMY PEZINDAWATCH

J'ai pas d'auto et je ne veux pas prendre son camion, au cas où il serait mécontent.

VERA PEZINDAWATCH

Tu pourrais pas te trouver quelqu'un pour te conduire?

TOMMY PEZINDAWATCH

J'ai pas d'argent pour payer seulement l'essence.

VERA PEZINDAWATCH

Je peux t'en passer... quatre-vingts milles aller-retour ça ne demande pas des centaines de dollars!

TOMMY PEZINDAWATCH

J'pense que j'suis mieux de pas y aller. Il va se fâcher et on pourra pas s'entendre. J'pense que j'suis mieux de laisser passer le temps... Il va finir par oublier. Bon ben, ma femme m'attends; salut Tanis...

VERA PEZINDAWATCH, *triste*

Bonjour Tommy. Madja-chi-inne.

SCÈNE II

À la sortie de prison.
Dans un restaurant, non loin de là.

SONNY CRIS
Je suis content de voir qu'ils te relâchent sans porter de plaintes, Fred. Mais qu'est-ce que t'aurais fait pour revenir à la réserve si j'étais pas venu te voir avec Zénon?

FRED PEZINDAWATCH, *visiblement brisé par les événements*
Je ne sais pas Sonny: j'aurais pris l'autobus ou bien j'aurais marché.

ZÉNON PETAWABANO
T'es pas sérieux Fred. Quarante milles ça se fait pas dans une journée.

FRED PEZINDAWATCH
Le temps c'est plus important Zénon. C'est tout ce qui me reste.

SONNY CRIS
Voyons Fred! C'est pas sérieux ce que tu dis. Tu es toujours le chef et comme tel, tu as encore du travail à accomplir.

ZÉNON PETAWABANO

Oui, et il va falloir forcer la compagnie à nous garantir des emplois Fred.

FRED PEZINDAWATCH

Je vais laisser cela au prochain chef, Zénon. Moi, j'ai fini de me battre.

ZÉNON PETAWABANO

Tu veux dire que tu abandonnes ?

FRED PEZINDAWATCH

Non Zénon, j'ai compris le message quand j'ai vu les gens se retirer au premier argument servi par Paul Wagush. Je n'abandonne pas ! Je me retire.

SONNY CRIS

Tu es sûr que la décision que tu prends là est la bonne Fred ?

FRED PEZINDAWATCH

Il ne peut pas y en avoir d'autres Sonny. J'ai eu beaucoup de temps pour réfléchir depuis quatre jours. Et ce que j'ai décidé là est final.

ZÉNON PETAWABANO

Cela me fait de la peine Fred. Mais je comprends bien. Quand les gens t'assurent un appui et qu'ils te laissent tomber, c'est décourageant de travailler pour eux.

SONNY CRIS

Je pense aussi que c'était lâche de leur part d'abandonner aussi vite ! Mais je suis sûr que tes raisons sont d'un autre ordre Fred ? Est-ce que je me trompe ?

FRED PEZINDAWATCH

Quel âge as-tu Sonny ?

SONNY CRIS
Cinquante-huit ans Fred. Pourquoi me demandes-tu cela?

FRED PEZINDAWATCH
Et toi Zénon, quel âge as-tu?

ZÉNON PETAWABANO
Cinquante-six ans Fred. Mais où veux-tu en venir?

FRED PEZINDAWATCH
C'est que j'ai réalisé que le conseil de la bande était composé de gens âgés et que cela n'était peut-être pas bon pour l'avenir de la jeunesse. Normand Kistabish est dans la cinquantaine aussi et Paul Wagush était le seul jeune avant qu'on n'exige sa démission. Si ce que nous faisons doit profiter aux gens de demain, il faudrait peut-être que ce soit ceux d'aujourd'hui qui le réalisent. Nous quatre, nous sommes déjà d'hier. Si les jeunes ne comprennent plus le sens de nos actes et de nos paroles, c'est que nous parlons déjà un langage périmé pour ceux qui nous entourent.

SONNY CRIS
J'ai pourtant l'impression que nous sommes plein de bon sens dans nos propos et que notre expérience devrait pouvoir servir à ceux qui n'en ont pas.

FRED PEZINDAWATCH
Je ne pense pas que l'expérience soit un critère de valeur dans notre monde. Je pense plutôt que les jeunes croient que ce n'est qu'un prétexte pour camoufler des idées qui ont cessé d'évoluer et qui sont d'un âge dépassé. Je pense que nous devons céder notre place à des plus jeunes. En tout cas, c'est mon

idée. Après notre départ, je pense qu'il n'y aura plus d'Indiens.

SONNY CRIS

C'est drôlement pessimiste ce que tu dis là Fred mais au fond c'est peut-être la vérité!

ZÉNON PETAWABANO

Mais Fred, si c'est la fin des Indiens après nous, pourquoi abandonner? On peut encore éduquer ceux qui veulent savoir?

FRED PEZINDAWATCH

Je crois qu'on serait contestés comme éducateurs et qu'on passerait bien plus pour des radoteux. Non sincèrement, pour moi c'est vraiment fini. Je n'ai plus rien à apporter à personne.

SONNY CRIS

J'accepte ta décision Fred, mais moi je crois encore au sang des miens et je suis prêt à rester au sein du conseil pour faire mon effort et être en paix avec moi-même.

ZÉNON PETAWABANO

Après quelques jours de repos Fred, tu vas changer d'idée. Tu as toujours été batailleur et je sais que tu n'es pas un lâcheur.

FRED PEZINDAWATCH

Tu pourras m'appeler un lâcheur tant que tu le voudras Zénon, je ne changerai pas d'avis. J'aurais combattu jusqu'à la mort si j'avais seulement senti que c'était pour quelque chose ou pour quelqu'un.

SONNY CRIS

Je comprends, je pense que nous comprenons.

SCÈNE 12

Trois mois plus tard.
Chez Fred.

VERA PEZINDAWATCH
Salut Zénon, Kwé Sonny, Kwé Normand! Bonjour Basile.

LES QUATRE, *ensemble*
Kwé Vera.

VERA PEZINDAWATCH
Qu'est-ce qui vous amène tous les quatre? Et toi, Basile? On t'avait pas vu depuis la journée d'arrivée des gens de la mine.

BASILE COKOO
Ben, j'ai guidé au lac des Loups depuis le mois de mai; c'est pour ça que tu ne m'as pas vu Vera.

VERA PEZINDAWATCH
J'pensais que tu te cachais par honte d'avoir tourné blanc sitôt la police arrivée.

SONNY CRIS
C'est du passé ça Vera, Basile a toujours été un traditionnel; on vient pour voir Fred. Est-ce qu'il est là?

VERA PEZINDAWATCH
Oui il est là, mais je ne lui dirai pas que vous avez envie de le voir parce que vous voulez lui parler des élections et que je pense qu'il a eu assez mal comme ça?

SONNY CRIS
Vera, on a besoin de lui ou du moins de ses conseils. On veut savoir ce qu'il pense de ce qui arrive.

VERA PEZINDAWATCH
Fred ne veut pas entendre parler de ça. Il ronge son frein depuis quatre mois pour résister à l'envie de parler au grand jour de ce qui est en train de se passer. Vous allez jouer le jeu du gouvernement et vous présenter dans une élection faite comme celle des Blancs? Vous êtes tous des faibles. Jamais Fred n'accepterait...

FRED PEZINDAWATCH, *entrant de la cave*
... non, jamais Fred n'accepterait de concéder aussi facilement un principe aussi fondamental que celui-là.

ZÉNON PETAWABANO
Fred, tu sais comme nous que le ministère des Affaires indiennes acceptera plus de discuter ni de subventionner un conseil qui ne serait pas élu selon le suffrage universel. Ça fait que... on se demandait s'il ne serait pas mieux de jouer le jeu, de se présenter en bloc et de battre «la petite gang» à Wagush?

SONNY CRIS

De toute manière Fred, si on ne fait rien, ils vont passer facilement et seront élus par une minorité. Ils feront tout ce qu'ils veulent et personne ne pourra les arrêter.

NORMAND KISTABISH

On veut ton avis là-dessus Fred et si tu acceptes de revenir, on va avoir Basile avec nous pour remplacer Wagush.

FRED PEZINDAWATCH

Si le conseil est élu par trente ou cinquante personnes, il ne représente pas tous les gens de la réserve. Le gouvernement ne pourra pas le reconnaître! Alors que selon la tradition, il faut que l'assemblée présente soit unanime pour que les individus soient élus. Le bon sens est là; l'unanimité est plus forte que le vote majoritaire. Comment le ministère pourrait-il ignorer le choix d'une majorité? *(Très las.)* Mais ça ne change rien pour moi. Je reviendrai pas sur ma parole. J'ai quitté il y a quatre mois. C'était pour toujours. Mon conseil, si vous me permettez d'en donner un, est que vous devriez passer le mot aux gens de ne pas aller voter le jour du scrutin. Sans électeurs, la tradition est respectée et vous prouverez au gouvernement que vous n'avez pas envie de vous laisser dicter la façon d'élire des conseillers dans une réserve. Et si vous voulez un bon leader comme chef, allez donc demander à Marie-Rose Canot. À quarante-cinq ans, elle est plus jeune que vous et bien éduquée aussi. Je pense qu'elle est douée pour faire un bon chef...

J'ai envie d'être seul...

SONNY CRIS

Je comprends Fred, salut!

NORMAND KISTABISH
Salut Fred, on te manque beaucoup tu sais!

ZÉNON PETAWABANO
J'aurais aimé me battre encore à tes côtés Fred, mais je comprends aussi, salut!

BASILE COKOO
J'espère que tu ne m'en veux plus Fred, pour l'histoire des barricades. Je ne pensais pas te faire mal en évitant de me mêler à la dispute... J'étais...

FRED PEZINDAWATCH
Je n'peux pas t'en vouloir plus qu'aux autres. Il faudrait que je me mette à détester tout le monde de la réserve. J'ai pitié, Basile. Et c'est le pire sentiment qu'on puisse éprouver pour quelqu'un... Je ne voudrais pas que l'on éprouve ce sentiment envers moi. Je ne pourrais pas le supporter... Salut Basile!

SONNY CRIS
Fred, je pense qu'on va tenir notre assemblée ouverte la semaine prochaine. On va s'élire un conseil à la façon traditionnelle et, selon le nombre de personnes présentes, on va envoyer un avis aux Affaires indiennes pour obtenir l'accréditation. Je pense que tous pensent comme moi. Tu as raison Fred. Personne de l'extérieur ne devrait fourrer son nez dans nos affaires internes! Qu'en pensez-vous, vous autres?

NORMAND KISTABISH
Je suis avec toi Sonny!

BASILE COKOO
Moi aussi, je marche.

ZÉNON PETAWABANO

Moi aussi, et je suis prêt. Mais, si la salle te réclame Fred. Tu peux être élu sans y être. Qu'est-ce que tu ferais?

FRED PEZINDAWATCH

J'ai fini mon temps. Vingt-deux ans, c'est assez. Ne faites rien pour cela. C'est mieux.

SCÈNE 13

Chez Paul Wagush. Le lendemain de l'élection traditionnelle.

PAUL WAGUSH
L'assemblée a élu un conseil de la tradition hier! Qu'est-ce qui s'est dit Tommy?

TOMMY PEZINDAWATCH
J'ai l'impression que je suis un espion qui travaille contre les gens de sa propre race en te rapportant ce qui s'est dit à cette assemblée.

PAUL WAGUSH
Aurais-tu déjà changé d'opinion sur la modernisation de la réserve?

TOMMY PEZINDAWATCH
Non Paul, mais j'ai eu l'occasion de voir à quel point mon père est aimé par les aînés, malgré qu'il ne veut plus être chef, il a été élu chef traditionnel à vie.

PAUL WAGUSH
Ça veut dire quoi ça, qu'il va être chef toute la vie?

TOMMY PEZINDAWATCH
Pas comme chef administratif, mais pour tout ce qui concerne la tradition, la langue, les coutumes; mais juste parce que Sonny Cris a assuré qu'il accepterait plus d'être chef! Sans ça il passait comme une balle.

PAUL WAGUSH
Qui a été nommé chef officiel?

TOMMY PEZINDAWATCH
Devine?

PAUL WAGUSH
Sonny Cris?

TOMMY PEZINDAWATCH
Non Paul, Marie-Rose Canot!

PAUL WAGUSH
Maudit, elle, a' peut salir n'importe qui sans avoir de remords.

TOMMY PEZINDAWATCH
C'est la première fois qu'une femme est élue chef d'une bande algonquine, depuis la mère du grand Pakinawatik à Maniwaki en 1850. La tradition est peut-être en train de changer?

PAUL WAGUSH
Mon œil! Je serais pas surpris que ce soit là une suggestion de ton père. Il est bien capable d'avoir manigancé ça pour la mener par le bout du nez. Elle a toujours été sa favorite!

TOMMY PEZINDAWATCH
Pars surtout pas une rumeur comme ça dans la réserve Paul, parce que je vais te lâcher plus vite que tu m'as vu t'appuyer.

PAUL WAGUSH
O.K., crains pas. On a pas besoin de ça. Pendant que les traditionnels se nommaient un nouveau conseil, moi j'étais au ministère à parler à Walker, le directeur des points légaux. Il m'a assuré qu'il n'y a pas de doute; ce conseil-là ne sera jamais reconnu comme officiel et le scrutin du douze septembre décidera du conseil qui sera mandaté par le gouvernement comme administrateur de la bande de la rivière Ginébig. Il faudra donc, veux veux pas, que les gens votent pour élire ceux qui se sont présentés officiellement avec un bulletin de candidature signé par cinq membres de la bande! Les nominations ferment le cinq; ce qui nous donne six jours pour former notre équipe. Tu marches toujours?

TOMMY PEZINDAWATCH
Ben oui, si tu me garantis que je commencerai bientôt à la mine?

PAUL WAGUSH
Tu commences lundi prochain, à titre de chef du service d'entretien de la machinerie de la mine. Tu connais le diesel j'espère, parce que je leur ai dit que tu connaissais toute la mécanique, y compris les systèmes hydrauliques?

TOMMY PEZINDAWATCH
Bien sûr, j'ai trois ans d'études là-dessus. Je peux défaire une pelle mécanique et la remonter les yeux fermés, toi, qu'est-ce que tu fais pour eux?

PAUL WAGUSH
Je suis en charge du personnel de soutien et des enrôlements d'Indiens pour les tâches spécifiques. Je t'assure que les gens vont voter pour nous, ou bien ils ne travailleront pas.

TOMMY PEZINDAWATCH
Qui vois-tu dans l'équipe pour les élections?

PAUL WAGUSH
Sophie Midéwin, la sociologue, Jos Bien-Mal, Chuck Simien, toi et moi. Mais je vais au poste de chef si nous sommes élus.

TOMMY PEZINDAWATCH
Bien sûr que tu prends les responsabilités de chef. Je n'y tiens pas et les autres sont trop jeunes pour connaître ce qu'il faut faire. Mais je tiens à une chose. Pendant la campagne électorale parle pas contre mon père. Ça je le prendrais pas, même si j'ai travaillé contre lui, je ne veux pas qu'on en dise du mal parce qu'il a toujours travaillé pour les autres en y mettant tout son cœur. Il est honnête et je ne veux pas qu'il soit sali comme les Blancs le font dans leurs élections!

PAUL WAGUSH
Promis Tommy. D'ailleurs il n'est pas sur les rangs. Je ne le considère pas comme un ennemi.

TOMMY PEZINDAWATCH
Même s'il emploie son influence avec les vieux?

PAUL WAGUSH
Il n'a plus tellement d'influence avec les gens. Il n'a plus la force de ses vingt ans et les gens le savent. Ils préfèrent un leader fort et jeune.

TOMMY PEZINDAWATCH
Je n'en serais pas si sûr que cela, si j'étais toi.

SCÈNE 14

Chez Fred Pezindawatch.

SONNY CRIS
Tu sais que notre conseil élu à la façon traditionnelle s'est vu refusé l'accréditation par les Affaires indiennes?

FRED PEZINDAWATCH
J'en ai entendu parler.

SONNY CRIS
Tu sais aussi comment s'est déroulée l'élection de l'autre conseil, celui de Wagush.

FRED PEZINDAWATCH
Il n'y a personne qui a été voter! Donc, ils ne sont pas élus.

MARIE-ROSE CANOT
Au contraire Fred. Tout le conseil est élu en bloc parce que personne ne s'est présenté contre les candidats. Ils sont élus par acclamation!

FRED PEZINDAWATCH

Comment peuvent-ils être élus alors que personne ne s'est dérangé pour aller voter? De qui sont-ils les représentants?

MARIE-ROSE CANOT

Fred, on est ignorants des lois d'élection des Blancs. Si le jour de l'élection des candidats, personne se présente contre eux, ils sont automatiquement élus.

FRED PEZINDAWATCH

Ça prouve l'absurdité de cette façon d'agir! Moi je n'accepterais pas cela. Je ferais cas de la façon dont vous avez été élus en comparaison de l'autre conseil; vous êtes les seuls vrais représentants du peuple! Personne avec un peu d'intelligence ne peut penser autrement. Vous avez été élus unanimement par l'assemblée constituante. C'est beaucoup plus fort que par acclamation.

SONNY CRIS

Oui Fred, mais la loi électorale est claire. On ne s'est pas présentés, on a donc pas été élus. Les arguments que tu nous sors là, on les a servis aux fonctionnaires qui ne veulent rien savoir.

FRED PEZINDAWATCH

On ne peut donc plus être Indiens dans notre propre réserve, en plus de ne pas être maîtres et propriétaires de nos ressources naturelles? Qu'est-ce qu'on fait donc dans ce monde de fous?

SONNY CRIS

On y peut rien Fred. On a plus qu'à s'incliner et regarder l'eau passer sous le pont de la rivière Ginébig.

MARIE-ROSE CANOT

On était prêts à se battre, mais s'il faut pour cela que l'on se déchire entre frères et amis, je pense qu'on est mieux d'oublier la politique indienne Fred; on a suivi ton conseil sans succès. Les fonctionnaires ne comprennent pas notre langue, nos coutumes nos croyances, notre culture, pour eux c'est du chinois et ils ne sont pas intéressés à comprendre. Nous parlons dans le vent et il vaut mieux laisser tomber. Au fond, tu avais vu plus clair que nous. On ne peut plus se battre contre le système. On embarque ou on débarque. On peut pas rester sur le rebord et c'est là qu'on est rendus Fred. Sur le rebord du canot.

SONNY CRIS

Qu'est-ce qu'on va devenir Fred? Que seront nos enfants dans dix, vingt ans? Se rappelleront-ils seulement qu'ils ont déjà appartenu à une race qui a toujours vécu en accord avec la nature jusqu'à ce qu'on modifie son mode de vie?

FRED PEZINDAWATCH

Ils ne s'en rappellent déjà plus Sonny. Ou quand ils s'en rappellent ils ne s'en servent que comme argument de pitié, et non de fierté. Je vous ai mal conseillé. J'étais tellement sûr que la majorité d'un peuple était plus forte que quelques voteurs; j'avais oublié que les Blancs avaient des jours fixes pour les votes.

MARIE-ROSE CANOT

Ah! t'en fais pas plus qu'il ne faut Fred, on a encore des beaux jours à voir venir. Quand ils se seront rendu compte qu'ils font des erreurs, il faudra bien qu'ils repensent à nous. En attendant, on peut encore trapper, pêcher et manger du gibier de temps à autre...

FRED PEZINDAWATCH, à *lui-même*
Oui... on peut encore... de temps en temps... Mais pour combien de temps... ?

Obscurité graduelle.

SCÈNE 15

Trois mois plus tard.
C'est la veille du jour de l'An. Il est minuit, les gens se saluent et se souhaitent la bonne année en tirant des coups de fusil en l'air. Les salutations durent une bonne partie de la nuit.

VERA PEZINDAWATCH
T'as pas sorti ton fusil Fred? Es-tu sûr qu'il est assez propre pour saluer le jour de l'An?

FRED PEZINDAWATCH
J'ai pas plus envie de saluer le jour de l'An que je n'ai envie de perpétuer la tradition du coup du fusil.

VERA PEZINDAWATCH
Fred, les coups de fusil c'est pas indien comme tradition?

FRED PEZINDAWATCH
Non, mais ça s'y rattache un peu. Autrefois, on attendait la venue au monde d'un mâle au solstice d'hiver, pendant la nuit la plus longue. À cette période, il y avait souvent des roulements de tonnerre

et des pluies verglaçantes. Comme on ne fête plus le solstice, et que Noël est une fête catholique de Blancs, on a perpétué le tonnerre en tirant en l'air au premier de l'an. Depuis quand t'intéresses-tu à la tradition?

VERA PEZINDAWATCH
Oh, c'était pour savoir. La tradition semble tellement importante pour toi. Après trente-cinq ans de mariage j'éprouve le besoin de savoir.

FRED PEZINDAWATCH
C'est dommage que ça vienne si tard!

VERA PEZINDAWATCH
Pourquoi tu dis ça? Ce n'est jamais trop tard pour apprendre?

FRED PEZINDAWATCH
C'est dommage dans le sens que, ne sachant pas la tradition, tu ne pouvais l'enseigner à tes enfants! Ils n'ont pas profité de ton influence pour apprendre.

VERA PEZINDAWATCH
Mais tu l'as bien fait ce travail-là, toi Fred?

FRED PEZINDAWATCH
Sauf que mon fils a contesté mes valeurs. La culture indienne lui est passée par le trou des oreilles sans s'accrocher à son cerveau.

VERA PEZINDAWATCH
Le métier que Tommy a appris lui a quand même permis de se trouver un emploi stable à la mine.

FRED PEZINDAWATCH

Cet emploi-là il ne l'a pas trouvé. Il l'a négocié en échange de la volonté des siens.

VERA PEZINDAWATCH

Fred, tu pourrais pas oublier tout ça! C'est le temps des fêtes, on devrait recommencer à neuf, en oubliant le passé.

FRED PEZINDAWATCH

Je suis trop vieux pour effacer toute une vie. J'ai trop travaillé avec un but précis pour accepter de l'avoir fait pour rien.

VERA PEZINDAWATCH

Ça veut dire que tu ne vas pas parler à Tommy, même dans le temps des fêtes?

FRED PEZINDAWATCH

Il y a maintenant un an qu'il n'a pas osé se montrer ici, pendant que j'y étais. Depuis un an je ne lui ai même pas vu le bout du nez et on vit tout près l'un de l'autre. Mais j'ai vu sa sœur trois fois, bien qu'elle demeure à Tonawonda, New York. C'est étrange de constater combien les distances physiques sont minimes comparées aux distances des idées.

VERA PEZINDAWATCH

Si Violette vient nous voir demain, est-ce que je pourrais inviter Tommy?

FRED PEZINDAWATCH

Tu peux très bien puisque ce sont tes enfants Vera. Comment est-ce que je pourrais te défendre de les voir. Moi je serai à la chasse à l'orignal, comme à tous les premiers de l'an. Les vieux et les malades ont aussi le droit à la viande fraîche et je manquerai pas une chasse du nouvel an. Ça aussi ça fait partie de la tradition Vera.

VERA PEZINDAWATCH
Mais la chasse ne durera pas toute la journée. Basile m'a dit qu'il avait vu trois orignaux près du lac Konk-Wé hier. En groupe, vous aurez vite fait de revenir... à moins que ce soit ton excuse pour ne pas rencontrer Tommy?... *(Silence.)* C'est ça Fred?

FRED PEZINDAWATCH
Mes raquettes sont dans l'atelier?

VERA PEZINDAWATCH, *mordante*
Oui, Fred tes raquettes sont dans l'atelier.

FRED PEZINDAWATCH
Bon, eh bien, puisque je me lève tôt demain, je vais me coucher tout de suite. Bonsoir Vera!

L'éclairage baisse lentement.

SCÈNE 16

Violette, Tommy, Vera, le jour de l'An.

VERA PEZINDAWATCH
Lise a pas voulu venir dîner avec nous autres?

TOMMY PEZINDAWATCH
Elle voulait voir sa mère au lac Slow. Elle a emmené les enfants avec elle.

VERA PEZINDAWATCH
Comme le mari de Violette est aussi absent, on va faire un dîner intime. J'ai fait du castor et des fèves au lard. Ça vous plaît?

VIOLETTE
Bien sûr, Tanis; John pouvait pas venir, il est pas bien. Comme il travaille à Syracuse, il n'est à la maison que tous les quinze jours.

VERA PEZINDAWATCH
Ce n'est pas grave, comme Fred est à la chasse du jour de l'An, on sera trois moitiés de famille.

TOMMY PEZINDAWATCH
Je l'ai vu partir à six heures à matin. Mais com-

me ils étaient une vingtaine, ils ne doivent pas être loin de revenir. J'aurais aimé le voir pour savoir s'il était toujours fâché contre moi.

VIOLETTE

Dad peut pas t'en vouloir. Il est beaucoup trop au-dessus des petites mesquineries de la vie pour garder rancune à son fils, voyons!

VERA PEZINDAWATCH

Fred n'est pas fâché, Fred ne s'est jamais fâché de sa vie. Il a eu très mal en dedans. D'abord, il avait l'appui des gens et au moment de mettre leur plan à exécution, ils l'ont laissé tomber! Puis Tommy l'a plus blessé que n'importe qui.

TOMMY PEZINDAWATCH

Tu sais très bien Tanis que je n'ai pas travaillé contre lui. J'ai travaillé pour voir mes idées acceptées. C'est dommage qu'il ait été le chef, mais j'aurais travaillé contre un autre qui aurait eu les mêmes idées que lui! Il était dépassé.

VIOLETTE

Tu aurais pu t'y prendre d'une autre façon pour le lui faire comprendre! S'il était vraiment dépassé, tu aurais pu avoir plus de tact et lui glisser un mot sur les idées des jeunes. Il n'a jamais été assez têtu pour ne pas se rendre à la raison.

VERA PEZINDAWATCH

Tu sais bien Violette que Tommy n'a jamais pu parler à Fred, et Fred a toujours attendu qu'il le fasse. Il aurait toujours voulu voir Tommy le remplacer. Il pensait se retirer pour le faire, mais Tommy s'est embarqué avec Paul Wagush.

TOMMY PEZINDAWATCH
Bon, ben, puisque je suis responsable de tous les maux de la terre, je vous reverrai l'année prochaine! Salut!

Il sort en claquant la porte.
Vera le regarde sortir sans rien faire pour l'arrêter.
Silence.

VIOLETTE
Ça ne doit pas être drôle tous les jours depuis que cette affaire a commencé. Tu es prise entre ton fils et ton époux et je suppose que les deux ont des réactions semblables?

VERA PEZINDAWATCH
Non. Je t'ai dit que Fred ne se fâchait jamais. Il change de sujet, se taît ou va travailler dans l'atelier. Depuis le printemps quand il s'est rendu compte que les Indiens lâchaient au premier coup dur — lui qui parlait beaucoup, a cessé de le faire. Il s'est mis à passer des journées entières dans l'atelier... Il quittait souvent le matin tôt pour la Ginébig, et passait toute la journée à regarder l'eau couler dans la rivière. Je l'ai suivi deux fois... J'avais peur... Puis le temps a passé; j'ai un peu perdu cette crainte mais j'ai souvent poussé un peu sur lui pour qu'il fasse la paix avec Tommy. Je n'aurais peut-être pas dû. Je l'ai forcé à combattre deux sentiments. Son attachement à moi, et son orgueil d'homme blessé par l'attitude de son fils. Son seul fils qu'il appelle maintenant *mon fils*... Je ne sais pas si nous allons un jour parler ouvertement de tout cela ensemble, mais tant

qu'il ne se videra pas le cœur, il se rongera intérieurement.

VIOLETTE
Je suis peinée maman. Je n'y puis rien. Crois-tu que cela aiderait si je lui parlais?

VERA PEZINDAWATCH
Je ne sais plus Violette. J'ai pris l'habitude de ne plus savoir... Parle-lui. Ça ne peut pas être pire.

VIOLETTE
Je pense qu'il m'écoutera. On s'est toujours bien entendus, lui et moi!

Vera sourit tristement.
On entre soudain. C'est Zénon Petawabano.

ZÉNON PETAWABANO
Je ne veux pas t'énerver Vera...

VERA PEZINDAWATCH
Il est arrivé quelque chose à Fred?

VIOLETTE
Qu'est-ce qu'il y a Zénon?

ZÉNON PETAWABANO
Il n'y a pas de raison de s'inquiéter aussi vite mais Fred a disparu. Le jeune Kip a tué un vieux «buck» qui avait une patte coupée par une balle. Il n'aurait pas passé l'hiver. Il était neuf heures et demie et on a rappelé les chasseurs. Fred avait pris la gauche du Buton de l'Aigle sur la Ginébig. Il devait monter jusqu'à la chute en raquettes et revenir par la cédrière. Il aurait dû être de retour vers dix heures. À onze heures il n'y était pas. On a envoyé le jeune

Dokis en moto-neige pour voir si Fred n'était pas blessé ou malade. Il a suivi ses traces jusqu'à la chute mais là il a trouvé les raquettes de Fred plantées dans la neige... et des traces de pas jusqu'au pin géant qui surplombe la chute... Au pied de l'arbre... il y avait des piétinements et un endroit où Fred s'est assis dans la neige. Il y est resté assez longtemps parce qu'elle était croûtée par la chaleur de son corps...

VERA PEZINDAWATCH, *complètement éteinte*

... et il a plongé dans la chute?

ZÉNON PETAWABANO

C'est pour ça que je suis venu te dire de ne pas t'énerver avant de savoir, car il n'y a pas de traces qui mènent à la rivière. On a pas touché aux raquettes au cas où il reviendrait. Mais ce qu'on ne comprend pas c'est l'absence de traces plus loin que le grand pin... Excepté que cet endroit est couvert de pistes d'orignaux et que, le jeune Dokis n'étant pas le meilleur pisteur de la réserve, Sonny Cris est reparti avec Dokis et Normand Kistabish pour examiner les pistes, voir s'il n'aurait pas suivi le ravage. Ce serait la seule raison pour laquelle il aurait laissé ses raquettes dans la neige près de la chute, à cent pieds du grand pin.

VIOLETTE

Mon père ne se serait jamais aventuré sur la piste d'un orignal sans au moins avoir ses raquettes accrochées au dos. Il nous a répété à Tom et à moi des centaines de fois que les raquettes ne se laissent jamais, sous aucun prétexte. Non! Il est arrivé quelque chose! Zénon, conduis-moi chez Tommy. À deux de plus on va savoir ce qui s'est passé.

####### ZÉNON PETAWABANO
Tommy est déjà rendu à la Ginébig. Toute la réserve est ameutée et attend le retour de Sonny pour organiser une battue. Comme on est les meilleurs chasseurs au monde, on va vite le retrouver.

> VERA, *éteinte ; elle ne pleure pas.*

Fred ne s'est pas perdu.

####### VIOLETTE
Viens Zénon...

Vera éclate en sanglots en s'appuyant à la table. La lumière baisse.

SCÈNE 17

Quand la lumière remonte lentement, les personnages sont figés dans leurs positions.
Le soir même.
Violette, Zénon, Normand, Sonny Cris, Tommy sont chez Vera.
Vera est assise à la table, Violette est silencieuse, sans larmes.

    NORMAND *raconte d'un ton neutre*
en bougeant imperceptiblement des lèvres
Il a marché dans les pistes d'orignaux jusqu'à la jetée... s'est aventuré sur la traverse des orignaux... et à mi-chemin est redescendu vers la chute... Jusqu'où il n'y a plus de glace, sa 30-30 était plantée dans la neige, près de la traverse... On est pas allés plus loin ...On a compris...

La lumière baisse sauf un rayon lumineux qui éclaire le visage de Fred.

    FRED
Vera tu pardonneras mon geste quand tu sauras que je n'étais plus le Fred que tu as connu. Le

Fred d'autrefois était fort, rien ne pouvait l'abattre. Le Fred qui t'écrit cette lettre n'a plus la force de se relever. Il a perdu la foi, celle qu'il avait en les siens et celle qu'il avait en lui. Il est devenu un vieil homme en moins de temps que cela ne prend pour en faire un jeune. Ce Fred-là sait maintenant qu'il n'y aura jamais plus d'Indiens comme autrefois...

... Ils se sont évanouis comme les rêves du vieux Fred. Peut-être n'ont-ils jamais existé? Peut-être n'existaient-ils que dans les esprits des gens comme lui? Ne regrette pas le vieux Fred. Il est parti vers ce qu'il croyait le plus; vers la terre de ses ancêtres. Tommy avait sans doute raison d'agir comme il l'a fait. Fred ne peut plus le blâmer. Seule sa fierté l'empêchait de le lui dire. Tommy a compris que Fred n'aurait pas pu l'admettre. Le monde a trop changé pour qu'il s'y habitue. Il a changé sans que le vieux Fred accepte de le voir comme il est. Sonny, Zénon et Normand ont cru en lui. Marie-Rose était fidèle à la tradition. Quand ils ne seront plus, la tradition sera morte. Il n'y a plus d'Indiens. Ils sont morts avec le temps. Vera... Fred ne te l'a pas dit souvent car il en était incapable mais il t'aime profondément et emporte ses plus beaux souvenirs. À ceux qui croyaient en Fred, dis-leur qu'il ne pouvait attendre plus longtemps car il ne voulait pas être le dernier des Amik-Ininis, comme le Mohican qui erra à la recherche de son peuple exterminé.

La seule chose importante pour ceux qui restent c'est de croire à ce qu'ils font et de faire ce qu'ils croient vraiment : Fred n'en était plus capable...

Que Kijé-Manitou vous protège tous.

Le cœur de Fred part mais son esprit reste.

SONNY CRIS

La tradition disait: «Quand tu ne crois plus être utile à tes gens, ne les encombre pas. Fume une bonne pipe et dors bien.»

Madja-chi-inne Fred.

FIN

TABLE

Première partie 5
Deuxième partie 57

DU MÊME AUTEUR

Anish-Nah-Be, contes adultes du pays algonkin, en collaboration avec Isabelle Myre, Montréal, Leméac, 1971.

Sagana, contes fantastiques du pays algonkin, en collaboration avec Isabelle Myre, Montréal, Leméac, 1972.

Recettes indiennes et survie en forêt, Montréal, Leméac, 1972.

Recettes typiques des Indiens, Montréal, Leméac, 1972.

Survie en forêt, Montréal, Leméac, 1972.

Indian Recipes, Toronto, Copp-Clark, 1972.

Survival in the bush, Toronto, Copp-Clark, 1972.

Makwa le petit Algonguin, en collaboration avec John Fadden, Montréal, Leméac, 1972.

Les Iroquois, en collaboration avec John Fadden, Montréal, Leméac, 1972.

À l'Indienne, Montréal, Leméac et Radio-Canada, 1973.

Histoire des Indiens du Haut et du Bas Canada, Tome I, Montréal, Leméac, 1973. Tome II, Montréal, Leméac, 1974. Tome III, Montréal, Leméac, 1974.

Lexique des noms indiens en Amérique, Tome I, Montréal, Leméac, 1974. Tome II, Montréal, Leméac, 1974.

Chasseurs de bisons, en collaboration avec John Fadden, Montréal, Leméac, 1974.

Sculpteurs de totems, en collaboration avec John Fadden, Montréal, Leméac, 1974.

Le Bras coupé, roman. Montréal, Leméac, 1976.

Les Cris des marais, en collaboration avec John Fadden, Montréal, Leméac, 1980.

Les Montagnais et Naskapis, en collaboration avec John Fadden, Montréal, Leméac, 1980.

Le guerrier aux pieds agiles, en collaboration avec John Fadden, Montréal, Leméac, 1980.

Faites votre vin vous-même, Montréal, Leméac, 1980.

Collection THÉÂTRE LEMÉAC

1. *Zone* de Marcel Dubé, 1968, 187 p.
2. *Hier, les enfants dansaient* de Gratien Gélinas, 1968, 159 p.
3. *Les Beaux Dimanches* de Marcel Dubé, 1968, 189 p.
4. *Bilan* de Marcel Dubé, 1968 et 1978, 185 p.
5. *Le Marcheur* d'Yves Thériault, 1968, 111 p.
6. *Pauvre Amour* de Marcel Dubé, 1969, 161 p.
7. *Le Temps des lilas* de Marcel Dubé, 1969, 179 p.
8. *Les Traitants* de Guy Dufresne, 1969, 177 p.
9. *Le Cri de l'engoulevent* de Guy Dufresne, 1969, 141 p.
10. *Au retour des oies blanches* de Marcel Dubé, 1969, 189 p.
11. *Double jeu* de Françoise Loranger, 1969, 213 p.
12. *Le Pendu* de Robert Gurik, 1970, 109 p.
13. *Le Chemin du Roy* de Claude Levac et Françoise Loranger, 1969, 135 p.
14. *Un matin comme les autres* de Marcel Dubé, 1971, 183 p.
15. *Fredange* suivi des *Terres neuves* d'Yves Thériault, 1970, 147 p.
16. *Florence* de Marcel Dubé, 1970, 153 p.
17. *Le Coup de l'étrier* et *Avant de t'en aller* de Marcel Dubé, 1970, 127 p.
18. *Médium saignant* de Françoise Loranger, 1970, 139 p.

19. *Un bateau que Dieu sait qui avait monté et qui flottait comme il pouvait, c'est-à-dire mal* d'Alain Pontaut, 1970, 107 p.
20. *Api 2967 et la Palissade* de Robert Gurik, 1971, 149 p.
21. *À toi, pour toujours, ta Marie-Lou* de Michel Tremblay, 1971, 94 p.
22. *Le Naufragé* de Marcel Dubé, 1971, 133 p.
23. *Trois Partitions* de Jacques Brault, 1972, 195 p.
24. *Diguidi, diguidi, ha! ha! ha! et Si les Sansoucis s'en soucient, ces Sansoucis-ci s'en soucieront-ils? Bien parler c'est se respecter!* de Jean-Claude Germain, 1972, 195 p.
25. *Manon Lastcall et Joualez-moi d'amour* de Jean Barbeau, 1972, 98 p.
26. *Les Belles-Sœurs* de Michel Tremblay, 1972, 156 p.
27. *Médée* de Marcel Dubé, 1973, 124 p.
28. *La Vie exemplaire d'Alcide 1er, le Pharamineux, et de sa proche descendance* d'André Ricard, 1973, 174 p.
29. *De l'autre côté du mur* suivi de cinq courtes pièces de Marcel Dubé, 1973, 215 p.
30. *La Discrétion, la Neige, le Trajet et les Protagonistes* de Naïm Kattan, 1974, 137 p.
31. *Félix Poutré* de L.-H. Fréchette, 1974, 135 p.
32. *Le Retour de l'exilé* de L.-H. Fréchette, 1974, 111 p.
33. *Papineau* de L.-H. Fréchette, 1974, 155 p.
34. *Veronica* de L.-H. Fréchette, 1974, 133 p.
35. *Si les Canadiennes le voulaient!* et *Aux jours de Maisonneuve* de Laure Conan, 1974, 159 p.

36. *Cérémonial funèbre sur le corps de Jean-Olivier Chénier* de Jean-Robert Rémillard, 1974, 118 p.
37. *Virginie* de Marcel Dubé, 1974, 157 p.
38. *Le Temps d'une vie* de Roland Lepage, 1974, 153 p.
39. *Sous le signe d'Augusta* de Robert Choquette, 1974, 135 p.
40. *L'Impromptu de Québec ou le Testament* de Marcel Dubé, 1974, 195 p.
41. *Bonjour là, bonjour* de Michel Tremblay, 1974, 107 p.
42. *Une brosse* de Jean Barbeau, 1975, 113 p.
43. *L'été s'appelle Julie* de Marcel Dubé, 1975, 147 p.
44. *Une soirée en octobre* d'André Major, 1975, 91 p.
45. *Le Grand Jeu rouge* d'Alain Pontaut, 1975, 133 p.
46. *La Gloire des filles à Magloire* d'André Ricard, 1975, 151 p.
47. *Lénine* de Robert Gurik, 1975, 114 p.
48. *Le Quadrillé* de Jacques Duchesne, 1975, 185 p.
49. *Ce maudit Lardier* de Guy Dufresne, 1975, 167 p.
50. *Évangéline Deusse* d'Antonine Maillet, 1975, 109 p.
51. *Septième Ciel* de François Beaulieu, 1976, 107 p.
52. *Les Vicissitudes de Rosa* de Roger Dumas, 1976, 119 p.
53. *Je m'en vais à Regina* de Roger Auger, 1976, 83 p.

54. *Les Héros de mon enfance* de Michel Tremblay, 1976, 103 p.
55. *Dites-le avec des fleurs* de Jean Barbeau et Marcel Dubé, 1976, 125 p.
56. *Cinq pièces en un acte* d'André Simard, 1976, 147 p.
57. *Sainte Carmen de la Main* de Michel Tremblay, 1976, 83 p.
58. *Ines Pérée et Inat Tendu* de Réjean Ducharme, 1976, 122 p.
59. *Gapi* d'Antonine Maillet, 1976, 101 p.
60. *Les Passeuses* de Pierre Morency, 1976, 127 p.
61. *Le Réformiste ou l'Honneur des hommes* de Marcel Dubé, 1977, 143 p.
62. *Damnée Manon, sacrée Sandra* et *Surprise! Surprise!* de Michel Tremblay, 1977, 118 p.
63. *Qui est le père?* de Félix Leclerc, 1977, 122 p.
64. *Octobre* de Marcel Dubé, 1977, 81 p.
65. *Joseph-Philémon Sanschagrin, ministre* de Bertrand B. Leblanc, 1977, 105 p.
66. *Dernier Recours de Baptiste à Catherine* de Michèle Lalonde, 1977, 137 p.
67. *Le Champion* de Robert Gurik, 1977, 76 p.
68. *Le Chemin de Lacroix* et *Goglu* de Jean Barbeau, 1977, 119 p.
69. *La Veuve enragée* d'Antonine Maillet, 1977, 171 p.
70. *Hamlet, prince du Québec* de Robert Gurik, 1977, 145 p.
71. *Le Casino voleur* d'André Ricard, 1978, 165 p.
72-73-74. *Anthologie thématique du théâtre québécois au XIXe siècle* d'Étienne-F. Duval, 1978, 458 p.

75. *La Baie des Jacques* de Robert Gurik, 1978, 157 p.
76. *Les Lois de la pesanteur* de Pierre Goulet, 1978, 181 p.
77. *Kamikwakushit* de Marc Doré, 1978, 128 p.
78. *Le Bourgeois gentleman* d'Antonine Maillet, 1978, 185 p.
79. *Le Théâtre de la maintenance* de Jean Barbeau, 1979, 103 p.
80. *Le Jardin de la maison blanche* de Jean Barbeau, 1979, 129 p.
81. *Une marquise de Sade et un lézard nommé King-Kong* de Jean Barbeau, 1979, 93 p.
82. *Émile et une nuit* de Jean Barbeau, 1979, 95 p.
83. *La Rose rôtie* de Jean Herbiet, 1979, 129 p.
84. *Eh! qu'mon chum est platte!* d'André Boulanger et Sylvie Prégent, 1979, 87 p.
85. *Le veau dort* de Claude Jasmin, 1979, 121 p.
86. *L'Impromptu d'Outremont* de Michel Tremblay, 1980, 115 p.
87. *Rêve d'une nuit d'hôpital* de Normand Chaurette, 1980, 102 p.
88. *Panique à Longueuil* de René-Daniel Dubois, 1980, 121 p.
89. *Une amie d'enfance* de Louise Roy et Louis Saia, 1980, 127 p.
90. *La Trousse* de Louis-Marie Dansereau, 1981, 117 p.
91. *Les vaches sont de braves types* suivi de trois courtes pièces de Jean Gagnon, 1981, 139 p.
92. *Isabelle* de Pierre Dagenais, 1981, 113 p.
93. *Faut divorcer!* de Bertrand B. Leblanc, 1981, 105 p.

94. *Du sang bleu dans les veines* de Georges Dor, 1981, 149 p.
95. *La contrebandière* d'Antonine Maillet, 1981, 171 p.
96. *Bachelor* de Louise Roy, Louis Saia et avec la participation de Michel Rivard, 1981, 82 p.
97. *Le fleuve au cœur* de Danielle Bissonnette, Léo Munger, Manon Vallée, 1981, 109 p.
98. *Ti-Cul Lavoie* de Bertrand B. Leblanc, 1981, 88 p.
99. *Chez Paul-ette, bière, vin, liqueur et nouveautés* de Louis-Marie Dansereau, 1981, 133 p.
100-101. *Vie et mort du Roi Boiteux*, t. 1 de Jean-Pierre Ronfard, 1981, 207 p.
102-103. *Vie et mort du Roi Boiteux*, t. 2 de Jean-Pierre Ronfard, 1981, 307 p.
104. *J'ai beaucoup changé depuis...* de Jocelyne Beaulieu, 1981, 115 p.
105. *Provincetown Playhouse, juillet 1919, j'avais dix-neuf ans* de Normand Chaurette, 1981, 125 p.
106. *Les Anciennes Odeurs* de Michel Tremblay, 1981, 93 p.
107. *Appelez-moi Stéphane* de Claude Meunier et Louis Saia, 1981, 136 p.
108. *Les Voisins* de Claude Meunier et Louis Saia, 1981, 191 p.
109. *Les Trois Grâces* de Francine Ruel, 1982, 97 p.
110. *Adieu, docteur Münch* de René-Daniel Dubois, 1982, 99 p.
111. *Ma maudite main gauche veut pus suivre* de Louis-Marie Dansereau, 1982, 89 p.

112. *Fêtes d'Automne* de Normand Chaurette, 1982, 129 p.
113. *Les Moineau chez les Pinson* de Georges Dor, 1982, 181 p.
114. *Oh! Gerry Oh!* de Jacqueline Barrette, 1982, 131 p.
115. *La mandragore* de Jean-Pierre Ronfard, 1982, 163 p.
116. *En pièces détachées* de Michel Tremblay, 1982, 93 p. (réédition)
117. *Citrouille* de Jean Barbeau, 1982, 101 p. (réédition)
118. *La société de Métis* de Normand Chaurette, 1983, 143 p.
119. *Le tir à blanc* de André Ricard, 1983, 148 p.
120. *Les drôlatiques, horrifiques et épouvantables aventures de Panurge, ami de Pantagruel* d'Antonine Maillet, 1983, 138 p.
121. *Dis-moi qu'y fait beau, Méo!* de Jacqueline Barrette, 1983, 166 p. (réédition)
122. *26 bis, impasse du Colonel Foisy* de René-Daniel Dubois, 1983, 73 p.
123. *La passion de Juliette* de Michelle Allen, 1983, 117 p.
124. *Madame Jocaste* d'Alain Pontaut, 1983, 87 p.
125. *Syncope* de René Gingras, 1983, 129 p.
126. *Jour après jour* de Françoise Loranger, 1983, 152 p.

ACHEVÉ D'IMPRIMER SUR
LES PRESSES DES ATELIERS
MARQUIS DE MONTMAGNY
LE 28 DÉCEMBRE 1983 POUR
LES ÉDITIONS LEMÉAC INC.